U0038487

哲學家叢書

孫振青　著

傅偉勳／韋政通　主編

東大圖書公司

國家圖書館出版品預行編目資料

笛卡兒／孫振青著.——二版二刷.——臺北市：東大，
2011
面；公分.——(世界哲學家叢書)
參考書目：面
含索引
ISBN 978-957-19-2845-6 (平裝)
1. 笛卡兒(Descartes, Rene, 1596-1650)－學術思想
－哲學

146.31 95015724

© 笛 卡 兒

主編	傅偉勳 韋政通
著作人	孫振青
發行人	劉仲文
著作財產權人	東大圖書股份有限公司
發行所	東大圖書股份有限公司 地址 臺北市復興北路386號 電話 (02)25006600 郵撥帳號 0107175-0
門市部	(復北店) 臺北市復興北路386號 (重南店) 臺北市重慶南路一段61號
出版日期	初版一刷 1990年3月 二版一刷 2006年10月 二版二刷 2011年1月修正
編號	E 140350

行政院新聞局登記證局版臺業字第〇一九七號

有著作權・不准侵害

ISBN 978-957-19-2845-6 (平裝)

http://www.sanmin.com.tw 三民網路書店

※本書如有缺頁、破損或裝訂錯誤，請寄回本公司更換。

《世界哲學家叢書》總序

本叢書的出版計畫原先出於三民書局董事長劉振強先生多年來的構想，曾先向政通提出，並希望我們兩人共同負責主編工作。一九八四年二月底，偉勳應邀訪問香港中文大學哲學系，三月中旬順道來臺，即與政通拜訪劉先生，在三民書局二樓辦公室商談有關叢書出版的初步計畫。我們十分贊同劉先生的構想，認為此套叢書（預計百冊以上）如能順利完成，當是學術文化出版事業的一大創舉與突破，也就當場答應劉先生的誠懇邀請，共同擔任叢書主編。兩人私下也為叢書的計畫討論多次，擬定了「撰稿細則」，以求各書可循的統一規格，尤其在內容上特別要求各書必須包括⑴原哲學思想家的生平；⑵時代背景與社會環境；⑶思想傳承與改造；⑷思想特徵及其獨創性；⑸歷史地位；⑹對後世的影響（包括歷代對他的評價），以及⑺思想的現代意義。

作為叢書主編，我們都了解到，以目前極有限的財源、人力與時間，要去完成多達三、四百冊的大規模而齊全的叢書，根本是不可能的事。光就人力一點來說，少數教授學者由於個人的某些困難（如筆債太多之類），不克參加；因此我們曾對較有餘力的簽約作者，暗示過繼續邀請他們多撰一兩本書的可能性。遺憾的是，此刻在政治上整個中國仍然處於「一分為二」的艱苦狀態，加上馬列教條的種種限制，我們不可能邀請大陸學者參與撰寫工作。不過到目前為止，我們已經獲得八十位以上海內外的學者精英全力支持，包括臺灣、香港、新加坡、澳洲、美國、西德與加拿大七個地區；難得的是，更包括了日本與大韓民國好多位名流學者加入叢書作者的陣容，增加不少叢書的國際光彩。韓國的國際退溪學會也在定期月刊《退溪學界消息》鄭重推薦叢書兩次，我們藉此機會表示謝意。

原則上，本叢書應該包括古今中外所有著名的哲學思想家，但是除了財源問題之外也有人才不足的實際困難。就西方哲學來說，一大半作者的專長與興趣都集中在現代哲學部門，反映著我們在近代哲學的專門人才不太充足。再就東方哲學而言，印度哲學部門很難找到適當的專家與作者；至於貫穿整個亞洲思想文化的佛教部門，在中、韓兩國的佛教思想家方面雖有十位左右的作者參加，日本佛教與印度佛教方面卻仍近乎空白。人才與作者最多的是在儒家思想家這個部門，包括中、韓、日三國的儒學發展在內，最能令人滿意。總之，我們尋找叢書作者所遭遇到的這些困難，對於我們有一學術研究的重要啟示（或不如說是警號）：我們在印度思想、日本佛教以及西方哲學方面至今仍無高度的研究成果，我們必須早日設法彌補這些方面的人才缺失，以便提高我們的學術水平。相比之下，鄰邦日本一百多年來已造就了東西方哲學幾乎每一部門的專家學者，足資借鏡，有待我們迎頭趕上。

以儒、道、佛三家為主的中國哲學，可以說是傳統中國思想與文化的本有根基，有待我們經過一番批判的繼承與創造的發展，重新提高它在世界哲學應有的地位。為了解決此一時代課題，我們實有必要重新比較中國哲學與（包括西方與日、韓、印等東方國家在內的）外國哲學的優劣長短，從中設法開闢一條合乎未來中國所需求的哲學理路。我們衷心盼望，本叢書將有助於讀者對此時代課題的深切關注與反思，且有助於中外哲學之間更進一步的交流與會通。

最後，我們應該強調，中國目前雖仍處於「一分為二」的政治局面，但是海峽兩岸的每一知識分子都應具有「文化中國」的共識共認，為了祖國傳統思想與文化的繼往開來承擔一分責任，這也是我們主編「世界哲學家叢書」的一大旨趣。

傅偉勳　韋政通

一九八六年五月四日

序

笛卡兒的哲學可分三個部分：方法論、知識論和形上學（心理學、自然神學、自然哲學）。依筆者管見，方法論和知識論貢獻較大，形上學部分則比較弱。方法論強調分析法、邏輯性和清晰性，是研究哲學的基本方法；若能小心地、適當地加以運用，可以避免許多錯誤。在知識方面，他是從分析內在經驗或意識的存在判斷開始，證明了人有認識真理的能力，重建了自然理性的權威。此思考方式的一個缺點是不易與外在世界建立關係，因而容易使人走向主觀唯心論。不過，大體來說，他在知識論方面的成就極為卓越而具有不朽的價值。歷史家之所以一致地推崇他，其主要理由即在於此。反之，其形上學方面的分析與論證往往失於獨斷而不夠嚴謹，從而招致了許多專家的嚴重抨擊；這是可以了解的。以上所說即是本編對笛卡兒哲學所持的觀點。

孫振青

民國七十九年二月十日

編按：本書於民國九十五年經作者修訂、增補後重新出版。

笛卡兒

目 次

第一章　生平與著作

笛卡兒 (René Descartes) 的時代正是歐美科學突飛猛進的時代❶。笛卡兒生於 1596 年。大約在他出生的五十年之前，哥白尼 (Nicolaus Copernicus) 發表了他的《論天體之運轉》(*De Revolutionibus Orbium Celestium*)。他指出，地球每天自轉一次，每年繞太陽轉一次。笛卡兒死於 1650 年。大約在他死後四十年，牛頓 (Isaac Newton) 建立了萬有引力及其他物理法則；約一百年之後，弗蘭克林 (Benjamin Franklin) 發明了電力。

十七世紀科學的進步，在天文學方面最為顯著。1610 年，加利略 (Galileo Galilei) 以望遠鏡發現了金星的變象。同年他發表了一篇論文，說明他如何發現了木星的四個衛星。他的這些發現與亞里斯多德 (Aristotle) 及托勒米 (Claudius Ptolemaeus; Ptolemy) 的宇宙觀相衝突，因為依照後者，地球為宇宙的中心，其他星球皆繞著地球轉。次年，亦即 1611 年 6 月 6 日，在法萊士公學 (La Flèche) 舉行了一場詩歌朗誦會，以慶祝加利略發現了木星的衛星，笛卡兒即是聽

---

❶ John Cottingham, *Descartes*, Oxford: Blackwell Publishers Ltd., 1986, pp. 1–21; Anthony Kenny, *Descartes: A Study of His Philosophy*, New York: Random House, 1968, ch. 1.
肯尼著，陳文秀譯，《笛卡兒》，臺北：長橋，民國 67 年，頁 7–17。

眾之一（他當時十五歲）。加利略有一個基本信念，就是，了解數學乃是了解大自然的關鍵。這一點對笛卡兒有很大的影響。德國天文學家蓋普勒 (Johannes Kepler) 也是藉著數學的技巧而發現行星的軌道是橢圓形的，而不是圓形的。後來笛卡兒在《方法論》中主張數學方法為其他一切科學的模範，可能即是受了加利略的影響。望遠鏡的發明對天文學的發展具有決定性的幫助。在這時期，許多人意識到歸納方法的重要，並試圖改進觀察的技巧。1620 年，培根 (Francis Bacon) 出版了他的《新工具論》(*Novum Organum*)，書中強調歸納推理的法則，特別強調「相反的例子」(counter-examples)。這個思路對自然科學的發展也極有貢獻。

笛卡兒正好處在這個變動與進步的潮流之中。在許多不同因素的推動之下，他獲得了一個觀念，就是他要建立一個新的方法和一套新的哲學：他計劃一次哲學的革命。

以上是就十七世紀的科學環境而說的。如今再說一說笛卡兒的教育環境。在他那個時代，經院哲學和神學極為普遍，稱為歐洲傳統哲學或正統哲學。此一學派最初導源於亞里斯多德，經過十三世紀聖多瑪斯 (St. Thomas Aquinas) 的整理和其他學者的補充與詮釋，而成為歐洲哲學的主流。這一個學派既然結合了亞里斯多德、聖多瑪斯，以及許許多多學者的智慧，自然具有很高的價值，或者說，它包含了許多真理。它的學說並不是盡善盡美的，但是大體而論，它的方向似乎是正確的，至少不算是太離譜。

不過，到了十七世紀，經院哲學似乎有退化的現象。主要的問題變成了死的教條，不求進步，在細微末節上則辯論不休。有人用來諷刺這個學派的例子是，「一個針尖上能夠站立多少個天使?」他們用三段式的形式來訓練辯論的技巧。例如提出主張的人首先提出一個三段式，證明自己的主張，對方提出一個三段式來反駁。辯護人則藉著區分 (distinquo) 來抗拒對方的論證，然後對方又提出一個三段式來反駁。他們就依照這個固定的形式一直辯論下去。

如此的辯論形式等於是玩弄邏輯的技巧，對於增進知識沒有太大的幫助。同時，這個一成不變的形式，用得久了，不免令人厭煩。笛卡兒所面對的即是這個傳統哲學與傳統方法。後來笛卡兒之所以要揚棄經院哲學及其方法，而決定找尋新的方法並建立新的哲學，其教育背景也可能是原因之一。

經院哲學在當時的另一個特徵是，非常尊重傳統作家的權威。只要一個學說違背了傳統作家，即會遭到譴責或禁止。所謂傳統作家，主要包括亞里斯多德和聖多瑪斯。笛卡兒對邏輯學有所批評，不過，他的意思並不是針對亞里斯多德的邏輯學本身，而是針對經院哲學使用邏輯的方式。邏輯法則乃是根據人心的邏輯結構而形成的，所以正確的邏輯法則是不可反對的。

以上所說涉及笛卡兒的學術背景與教育背景。下面說一說笛卡兒的生平與著作。

笛卡兒於 1596 年 3 月 31 日生於法國的艾葉村 (La Haye)。他出生的那棟房子依舊存在。1802 年，村名改為笛卡兒艾葉村 (La Haye Descartes)，或簡稱笛卡兒村。他父親是國會顧問，母親在他出生後不久過世。笛卡兒是在外祖母家長大的。他自幼多病，醫生認為他活不到成年。

1606 年，笛卡兒進了法萊士公學。這是亨利四世 (Henry IV) 於 1604 年創立，委託耶穌會士管理的，是當時歐洲最著名的學校之一。

笛卡兒在這兒精通了拉丁文,他後來有許多作品便是用拉丁文寫的。1614 年離開法萊士公學,不久又在波提埃大學 (Poitiers) 獲法律學學位 (baccalauréat and licence)。二十二歲時開始旅遊。第一站是荷蘭,在那兒他加入了毛利斯王子 (Prince Maurice of Nassau) 的軍隊,不久又轉往德國,並且加入了馬西米廉 (Maximilian of Bavaria) 的軍隊。

1619 年,也即是他在德國從軍的時候,有一次,他獨自坐在火爐旁沉思了一整天,當天夜裡,他作了三個夢。他認為這三個夢是上帝給予他的啟示,他覺得他有任務建立一個新的哲學系統。然後他許了一個願,要去意大利朝拜聖母 (Virgin of Loretto),大約是在下一年他完成了這個願望。

退出軍隊以後,他繼續在德國、荷蘭、意大利旅行。1625 年返回巴黎 (Paris),直至 1627 年。他在巴黎有一位好友,就是方濟各會士麥西諾 (Marin Mersenne),是他在法萊士公學的學長。麥西諾經常與笛卡兒通信,並將笛卡兒的信件轉寄給其他學者,而且負責出版笛卡兒的作品,尤其是《沉思集》(*Meditationes de Prima Philosophia*)。

笛卡兒在荷蘭時,最先寫了一本《指導心靈的規則》(*Regulae ad directionem ingenii*; *Rules for the Direction of the Mind*)。此書沒有完成,並且在他生前也沒有出版。書中顯示出他的主要關懷,就是建立一個統一的方法,以尋求確定的知識(以數學的模式)。

1629 年,笛卡兒為了躲避不速之客的干擾,而能專心思考,在荷蘭定居下來(也可能是為了躲避教會的干涉)。為了同樣的理由,他遷居了十二次。在阿母斯特丹 (Amsterdam) 時,他一面從事解剖動物的工作,一面研究代數學、幾何學和光學,並將自己研究的結果寫成一本《世界論》(*Le Monde*; *The World*)。

1633 年，他正準備出版《世界論》的時候，消息傳來，羅馬的裁判所定了加利略的罪，因為他在前一年，1632 年，出版了一本書，書中攻擊了亞里斯多德關於天文學的許多論點，而試圖證明哥白尼的地動說：即謂地球一方面自轉，一方面繞著太陽轉。於是笛卡兒取消了出版《世界論》的計畫，因為他也主張地動說。

1637 年，笛卡兒以匿名發表了一部著作，其中包括光學、氣象學和幾何學，並以《方法論》(*Discours de la méthode pour bien conduire sa raison et chercher la vérité dans les sciences*; *Discourse on the Method of Rightly Conducting One's Reason and Seeking the Truth in the Sciences*) 作為該書的導論。後來的事實證明，這個《方法論》雖只是一個「導論」，然而它的重要性遠勝於書中其他部分。其他三部分融合了《世界論》中的主要觀點，而《世界論》一書則始終沒有出版，也沒有流傳下來。

1638 年至 1640 年，笛卡兒隱居於荷蘭北部的鄉間。他早先居住阿母斯特丹時，即與其女傭人海倫 (Hélène) 相好，並且在 1635 年生下一個女兒，取名芳心 (Francine)。如今她們母女搬過來與笛卡兒同住。不幸芳心於 1640 年逝世，這令笛卡兒十分悲痛。

1641 年，他出版了《沉思集》(拉丁文)，其中附有七組「反對意見與答辯」。反對者之一是神學家阿諾德 (Antoine Arnauld)，他提出了許多疑難，大都與神學相關。另一位是霍布士 (Thomas Hobbes)，他當時暫居法國。他是從唯物論的觀點攻擊笛卡兒的心靈說。另一位是哲學家加森蒂 (Pierre Gassendi)，他反對天生觀念 (innate idea)，並且對人類知識問題採取經驗論的立場。「第七組反對意見」是由耶穌會士布爾丹 (Pierre Bourdin) 提出的。他對笛卡兒的哲學提出了帶有諷刺的批評。他似乎以為，笛卡兒的哲學是不值得辯論的。

1643 年，笛卡兒開始與包埃米亞 (Bohemia) 的伊利沙白公主 (Princess Elizabeth) 通信。公主當時二十四歲，流亡在荷蘭。信中討論到靈魂與肉體之關係以及理性與情感之關係，同時也涉及了《沉思集》中許多重要問題。後來笛卡兒根據那些書信的內容而撰寫了一本《論靈魂之情》(*Les passions de l'âme*; *The Passions of the Soul*)，於 1649 年出版。

1644 年，他出版了《哲學原理》(*Principia Philosophiae*; *Principles of Philosophy*)。此書分四部分。第一部分闡述形而上學；第二部分闡述物理學；第三部分描述宇宙之性質；第四部分繼續討論宇宙之各種現象。

同年 (1644)，笛卡兒訪問法國。他的一位老友比高 (Abbé Claude Picot) 將他的《哲學原理》(拉丁文) 譯成了法文，後來於 1647 年出版。也是在 1644 年，他的《方法論》由古塞爾 (Etienne Courselles) 譯為拉丁文，在阿母斯特丹出版。

1644 至 1649 年，笛卡兒一直隱居在荷蘭鄉間 (1647 年又訪問法國一次)。

1649 年，笛卡兒接獲瑞典女王克利斯丁 (Christina) 的邀請，因為女王願意學習他的哲學。笛卡兒自知，如果答應女王的邀請，給她講授哲學 (她不一定能夠接受那樣艱深的東西)，勢必要改變他寧靜的生活方式。不過，他猶疑了一陣子之後，終於去了斯德哥爾摩 (Stockholm)。沒想到這是他最後一次旅行。

在斯德哥爾摩，女王要求他清晨五點鐘上課。當時非常寒冷。大約一個月之後，笛卡兒得了肺炎，並於 1650 年 2 月 11 日逝世。

其病因一方面可能是因為天氣寒冷，另一方面也可能是因為他現在的工作破壞了他的生活習慣（他通常在上午十一點起床）。

笛卡兒死後就地葬於瑞典。後來人們把他的遺骸運回法國，安葬於聖日爾曼 (Saint Germain des Prés) 的聖心堂中。他的頭骨則供奉在巴黎雪拉宮 (the Palais de Chaillat) 的名人博物館中，供世人瞻仰。

笛卡兒留下的文稿中，有《指導心靈的規則》、《論人》(1664 年出版)，以及未完成的法文對話錄《探求真理》(1701 年首先以拉丁譯文出版)。後者進一步說明了懷疑的方法和「我思考，所以我存在」的性質。

笛卡兒重要著作年代表❷

1628–1629(?)　《指導心靈的規則》

討論方法。拉丁文。未完成。死後出版。

1634　《世界論》

探討科學的著作。沒有完整出版。

1637　《方法論》、《光學》、《幾何學》、《氣象學》

法文。《方法論》中包括笛卡兒之生平與教育背景，以及他的哲學思想和科學思想大綱。

1641　《沉思集》和「反對意見與答辯」

拉丁文。反對意見部分是麥西諾依照笛卡兒的要求從各哲學家和神學家那兒收集的。

❷ Margaret Dauler Wilson, *Descartes*, London: Routledge and Kegan Paul, 1978, pp. 14–15.

1644　《哲學原理》

拉丁文。第一部分闡明哲學思想。第二、三、四部分說明自然現象。

1647　〈駁某項計畫〉

回答他以前的學生萊其伍 (Regius) 的反對意見。雖是一篇短文，卻涉及心物關係及其他重要課題。

1649　《論靈魂之情》

法文。主要涉及情感的生理面和以理性控制烈情的問題。

此外尚有《真理的追尋》，是法文的對話錄，未完成，死後出版。《與柏曼的交談》，是記載笛卡兒與柏曼 (Frans Burman) 於 1648 年的談話。

第二章　方法論

大家都知道，笛卡兒所受的教育基本上是經院學派的教育。經院學派在哲學方面大致跟隨亞里斯多德。而經院哲學之所以走了亞里斯多德的路子，主要是因為中古時代的聖多瑪斯接受了他，將他的哲學稍加改變之後 (mutatis mutandis)，納入了自己的哲學和神學的大系統中，成為經院學派的主流。

經院哲學在聖多瑪斯的領導之下，又經過許多學者的反思與努力，當然具有很高的價值，涵蘊著許多基本真理。不過到了笛卡兒的時代 (十六、十七世紀)，它似乎陷入了一種邏輯的形式主義——過於重視邏輯的三段式，以邏輯的三段式為主要工具從事論辯，一方面反駁經院學派以外的思想家，另一方面也在經院學派的圈子之內互相辯論不休。這樣的一個學習環境，再加上當時流行的懷疑浪潮❶，譬如蒙田 (Michel Eyquem de Montaigne) 的學說，使得笛卡兒對他所學習的東西失去了信心。他在《方法論》中明白指出，他自幼至長，所謂的一切知識都是聽來的。這些知識都沒有堅定的基礎，因為對於這些知識大家爭論不休，其中每一項都有正反兩方面的意

---

❶ 參看 E. M. Curley, *Descartes Against the Skeptics*, Cambridge: Harvard University Press, 1978. 本書作者認為，笛卡兒的哲學主要是為了對抗當時流行的懷疑論。這是全書的主題。

見，而且雙方的辯論者都很有權威，令人不知道哪一方更值得信賴❷。

但是笛卡兒對於真理及人類理性的能力具有堅定的信心，相信真理存在，並且人類能夠認識它們。自古以來大家之所以辯論不休，真假不明，一定是因為方法不對。因此他的注意力首先集中在方法的問題上。關於方法，他寫了兩本書。一本是《指導心靈的規則》，在他逝世以後才出版，另一本是《方法論》，是他在世時出版的第一部作品。這兩本書裡討論的方法大致相似，不過《方法論》中，除了討論方法之外，也涉及了形上學的問題，諸如「我思考，所以我存在」、「我是思想體」、「上帝存在」、「靈魂與肉體之區分」等等。

一、一般的方法

笛卡兒認為，求得確定知識的方式只有兩種：一是直觀 (intuition)，一是演繹 (deduction)❸。這兒所謂「直觀」與傳統上所謂的直觀有所不同。傳統上所謂的直觀大體是感官或理智與其對象的直接接觸，不經過中間物或概念或推理的媒介。笛卡兒所說的直觀則是指理性對於最簡單之物或最簡單之觀念與判斷的清晰明確的認知。屬於直觀的知識如「我存在」、「一個三角形只有三個邊」、「球

❷ *The Philosophical Works of Descartes*, tr. by Elizabeth S. Haldane and G. R. T. Ross., Dover Publications, 1955, Vol. I, *Discourse on the Method*, II, pp. 88–89, 91.（以下引證 *The Philosophical Works of Descartes* 時簡稱 HR，HR 中各卷書名以中文譯名表示。上述 *Discourse on the Method* 為《方法論》。）

❸ HR，《指導心靈的規則》，IV, p. 13.

體只有一個面」，以及「2 + 2 = 3 + 1」這類的數學命題❹。笛卡兒所說的演繹是指由直觀之知開始，一步一步地推演下去，直到複雜的知識，或不能再推演下去為止，其中每一個環節都有直觀，其最後的結論與第一項同樣確定。演繹與直觀的差異，在於後者不需要記憶，而前者則需要記憶。譬如算術和幾何學的演算，無論其過程如何複雜，其結論都是確定的，因為其間的每一個環節都靠直觀。

顯然地，依照笛卡兒的意見，凡不能有直觀或演繹的知識都是不確定的，都只是一些不可靠的意見。

然而這是不是說，唯有數學才是確定的知識，才稱得上是真正的科學呢？不是的。依照笛卡兒的理論，其他科學，諸如知識論、形而上學，甚至物理學，也可靠直觀來建立。不過，笛卡兒堅持，凡不能有直觀的知識，不可能是確定的知識。

檢討：笛卡兒對於直觀和演繹的主張本是很理想，也很科學的。如果我們盡量遵守這個原則，一定會避免許多錯誤，而不致陷於武斷或妄斷。不過，有些對象是很複雜的，它們往往不容許我們去直觀。如果我們常常保持如此嚴格的要求，像笛卡兒所說的那樣，則今天的千百門科學中，沒有幾門是合格的。另有一點值得一提的是，一般的經驗主義者自然不能接受笛卡兒這個主張，因為他們認為「感覺經驗」才是知識的最高判準。不過，依筆者之見，經驗主義似乎是另一個極端，其思想系統亦有討論的餘地。

笛卡兒的目標是要建立一個「新的」方法，這個方法應該超越一切傳統的方法。傳統的方法中，主要有三種，就是邏輯學的方法、幾何學的分析法 (geometrical analysis)，以及代數學的方法 (algebra)。

---

❹ HR，《指導心靈的規則》，III, p. 7.

依照笛卡兒的說法，這三種方法都不是很有效的，都不能達到他的目的。因為邏輯學只能幫助我們把已知的東西告訴別人，使別人學習，而不能使我們獲得新的知識。並且有些邏輯規則固然是好的、真的，然而有些則是有害的、多餘的。其次，幾何學的分析過於抽象，因而沒有實際的用處；而且它單單使用符號，害得我們的想像力容易疲勞。代數學使人受到規則和程式的束縛；並且它只是一種技術，而這個技術又十分複雜，因而往往使得我們混亂、迷惑、看不清楚。所以我們需要另外的方法，這個方法應該具有它們的優點（確定），而沒有它們的缺點❺。

檢討：笛卡兒對於邏輯學的批評，大體而論頗有見地。有些邏輯法則確能幫助我們思考，而避免錯誤。然而有些規則，譬如直接推理的轉換、語句的分析等等，非常瑣碎，也非常複雜，令人望而生畏，並且實際上也沒有多大用處，幾乎變成了符號的遊戲。就此觀點言，笛卡兒的批評是有道理的。但是另一方面，邏輯法則乃是人類的先天法則，我們在思考的時候不能不遵守它們。任何新的方法都必須符合邏輯法則，而不能有所違背，否則的話，都是無效的。它們是人類理性的基本架構，違反了這些架構，即是違反了理性。所以笛卡兒在建立新的方法時，不管他自覺或不自覺，他必須使用邏輯法則，沒有選擇的餘地。他的新方法必然是以邏輯法則為基礎，而絕不能「超越」邏輯法則。他可以不使用三段式推理或其他推理的形式，然而他不能不依賴理性的邏輯架構。另外一點是，數學的方法只能用來研究數學，而不能用來建立形而上學，或實驗心理學，或歷史學，或人類學等等。因為數學的對象是「量」，很簡單，其他

❺ HR，《方法論》，II, pp. 91–92.

科學的對象往往不是量，而是性質，或關係，或型態等等，而不同的對象需要不同的研究方法，今天各種各類的科學即證實了這一點。笛卡兒指出，幾何學的分析和代數學的方法並不適合用來達到他的目標，這是可以肯定的。笛卡兒以後的哲學家，如斯賓諾沙 (Benedict Spinoza)、羅素 (Bertrand Russell) 等人，試圖以數學的方法來建立一切科學，他們註定會失敗的，因為他們忽略了「不同的對象需要不同的研究方法」這個道理。

笛卡兒指出了最佳的認知方式 (直觀與演繹)，又排除了傳統的三個方法（邏輯學的、幾何學的分析、代數學的方法）之後，進一步提出了自己的方法。這個方法包括四條規則，引述如下：

> 第一條是，除非我清楚地（或明顯地）看出來某物是真的，我絕不承認它是真的；這即是說，要小心地避免速斷和成見，並且在我的判斷中不肯定多餘的東西，只肯定那些清晰而分明地呈現在我心靈面前，使我沒有機會置疑的東西。
>
> 第二條是，將我所要考察的每一個難題盡可能按照需要分解成許多部分，以便容易加以解決。
>
> 第三條是，依照順序引導我的思想，從最簡單、最容易認知的對象開始，一步一步地上升，如同拾階一樣，直到認識了最複雜的對象為止；對於那些沒有自然順序的東西，則假定它們有一個順序（哪怕是人為的）。
>
> 最後一條是，在一切情況下，都要做最周全的核算和最普遍的檢查，直到我能確知沒有任何遺漏為止❻。

---

❻ HR，《方法論》，II, p. 92.

以上是笛卡兒新方法的四條規則。這個方法跟他所建立的知識論及形而上學有著密切的關係，值得我們多多注意。

首先，《方法論》中這四條規則跟他早先撰寫的《指導心靈的規則》中所講的幾乎相同。《方法論》中的第一條與《指導心靈的規則》中第四條相應。《方法論》中第二條、第三條與《指導心靈的規則》中第五條、第六條相應。《方法論》中最後一條與《指導心靈的規則》中第七條相應。

其次，對於這些規則我們提出幾點說明。第一條規則是說，確定的知識必須導源於「直觀」，否則不可能是確定的知識。直觀之對象必須是簡單之物，否則不可能看得清楚。直觀之最主要的特性是「清晰」和「分明」。清晰是指一物（一事實或一判斷）完全呈現出來，無所隱藏，或不涵蘊任何其他因素；分明是指此物與別的物有所不同，它不是別的物。例如：$2+2=3+1$，這個判斷是清晰的、分明的，因為這個判斷只涉及「量」，而不涉及其他性質，亦不涵蘊其他因素；同時，量與性質或關係或型態是不同的。此外，「我存在」、「我思考」、「三角形只有三個邊」，皆屬於直觀之知。再者，這兒所說的直觀是指「理性」之知，而絕非感性之知，因為它是呈現在「心靈」(mind) 面前的。「心靈」即是理性或意識。

笛卡兒自己承認，這樣的知識很少，到他的時代為止，似乎只有算術和幾何學❼。

檢討：這條規則是極有價值的。它能幫助我們求得確定的知識，並使我們分辨出，哪些知識是確定的，哪些不是。許多人憑著成見，一廂情願地認為自己的一切知識都是確定的。這樣的人都是愚昧的、

❼ HR，《指導心靈的規則》，II, p. 4.

可憐的。另一方面，笛卡兒自己承認，這樣的知識為數極少。如果只承認這樣的知識，而揚棄其他一切知識，則我們的天地未免太狹小了。這即是說，確定性有不同的等級，蓋然的知識也有它們的價值。但是，正如笛卡兒所說，我們必須把「臆測」與「真命題」加以區分，絕不可混為一談❽。

第二條規則與第一條密切相關。確定的知識必須導源於直觀，直觀的對象必須是簡單的 (simple)。然而一般的問題都是複雜的，對於它們我們不能有直觀，這即是說，我們不可能「清晰而分明地」看出來它們是怎樣的。因此我們必須把複雜的問題加以分析或分解，一直分到簡單的部分為止。如此，我們才能夠「清晰而分明地」理解它們，也即是才有直觀。

笛卡兒這個主張類似後來羅素對於語言的主張。羅素認為，語言非常複雜，並且不精確，因而往往不能達意，造成誤解。所以必須將語言加以分解，找出語言的基本元素，他稱之為「邏輯原子」(logical atoms)。然後再根據這些邏輯原子重建清晰明確的語言。

檢討：這條規則也是極有價值的。許多人喜歡籠統地並且根據一些既定的信念或成見去詮釋一個問題，而不做嚴格的分析。這樣的人容易陷於獨斷或過分主觀的錯誤。當然，也許有的問題不容許這樣的分析。這是極可能的。對於這樣的問題，我們只好承認沒有絕對確定的知識。

第三條規則是指「演繹」。上文說過，依照笛卡兒，求得確定知識的方式有二：一是直觀，一是演繹。如果我們僅止於對簡單之物的直觀，則無法認知複雜的對象，因而無法建立知識的系統。演繹

---

❽ HR，《指導心靈的規則》，III, p. 6.

的過程是從第一個直觀開始，一步一步地上升。其中「每一步」都要有直觀，也即是每一步都要有「清晰而分明的」認知。只要其中有「一步」不清楚，則結論即不確定。依照笛卡兒的觀點，數學即是演繹知識的模範。數學的演算往往十分複雜，然而它的結論是絕對確定的，其所以如此，就是因為演算中的每一步都有直觀。

笛卡兒假定，天地萬物具有嚴格的統一性，因而人類的知識也具有統一性，正如笛卡兒所說:「人類所能認識的萬物都是互相連結在一起的。」❾依照這個觀點，演繹應該是可能的。

檢討: 除了數學之外，其他科學能否作同樣的演繹，有待證明，也許有時候需要歸納或別的方法。天地萬物可能具有統一性或連貫性，然而人類的智力不見得能夠看得出它們的連結性，人不是上帝。

最後一條規則也很重要。當我們檢查每一項簡單之物時，不可遺漏其中任何一項，否則的話，結論不可能確定。據此而論，我們不可只選擇所謂重要的項目，而忽略細節。每一個細節都可能影響最後的結論。

笛卡兒建立的這些規則，大體而言，是很有價值的。如果我們嚴格地、正確地遵守這些規則，至少可以避免錯誤。因為，依照這個方法，我們能夠認知的東西可能極少。這些規則可以應用在數學方面，這是可以肯定的。笛卡兒在建立這些規則時，即是以數學的知識為範本。但是，除了數學之外，它們能否適用於其他的科學（譬如形而上學）呢？這個問題的答案並不明顯。笛卡兒的答案顯然是肯定的，因為他就是用這些規則建立了他的形而上學。但是我們還

---

❾ AT（法文本《笛卡兒全集》）, VI, p. 19; CSM, I, p. 120.
John Cottingham, *Descartes*, Oxford: Basil Blackwell, 1986, p. 24.

要問：笛卡兒是否嚴格地遵守了這些規則呢？他所建立的哲學系統是否完全成功呢？對於這些問題，必須在研究了他的形而上學之後才能提出一些意見。

二、普遍的懷疑

我們在上面已經提到，笛卡兒最關心的目標就是尋找絕對確定的真理。而絕對確定的真理必須是絕對清晰而分明的，也即是說，必須以直觀為基礎。

但是，我們自小時候所學習的一切知識幾乎都是聽來的，並且都未經過嚴格的分析與批判，因此它們的真假無法確定。若要確知那些知識的真假，必須將它們逐條考查。然而那樣的工作是永遠做不完的。對於先前的這些知識或意見，應該怎麼處理呢？笛卡兒認為，應該來一次大掃除或大清倉，然後從頭做起，這樣可以避免錯誤信念或成見的障礙。這個大清倉的方法，笛卡兒稱之為「懷疑」(dubitatio; doubt)。

關於笛卡兒所講的這個「懷疑」，歷來的註釋家們討論很多，並且往往意見紛紜，因此我們必須將這個概念加以澄清。

首先，這兒所謂的懷疑並非懷疑派 (Skepticism) 所持的懷疑，正如笛卡兒所說：

> 我不像那些懷疑論者，為了懷疑而懷疑。相反，我的計畫是尋求確定的基礎，以獲得真理❿。

❿ HR，《方法論》，III, p. 99.

在回答「第七組反對意見」的時候，笛卡兒也說:「我的意思只是為了探求真理……。」又說，他的懷疑只是「形而上的」、「誇張的」(hyperbolical)，而不涉及「實際生活」的範圍⓫。

事實上笛卡兒對於許多事物和真理都沒有真正懷疑過。例如：真理的存在、理性的能力、記憶的有效性、世界的存在、方法的有效性及方法的規則、信仰的真理，以及倫理規範。

關於倫理規範，他提出了四條。其中前兩條是這樣的:

> 第一，服從國家的法律與習俗，信仰自幼接受的宗教（天主教），在其他事情上遵從最溫和、最中庸的意見⓬。
>
> 第二，在行為方面堅定果斷，接受最可靠的意見，因為生活是不能停止的⓭。

這兩條規則都屬於「實際生活」的範圍。

所以笛卡兒的「懷疑」不能按照字義去了解。其實他所謂的懷疑乃是一種「擱置」或「暫時的存而不論」，也即是說，它只是一個「方法」。正如他在《沉思集》中所說的，我要「暫時假裝 (for a certain time pretend) 這些意見都是虛假的、想像的⓮。」這個「暫時假裝」正好相當於「暫時的存而不論」。若是有人真的懷疑世界存在，或人有身體這類明顯的事實，笛卡兒認為那是「不正常的」。正如他在《沉

⓫ HR, II,《答難》, VII, p. 266.

⓬ HR,《方法論》, III, p. 95.

⓭ HR,《方法論》, III, p. 96.

⓮ HR,《沉思集》, I, p. 148.

思集》前面的提要中所說：「沒有一個正常的人認真地懷疑過這些東西（有一個世界、人有身體等）⓯。」我們下面討論懷疑的方法時，必須牢記這一點。

柯丁漢 (John Cottingham)⓰將笛卡兒的懷疑法依照順序分成了十二點，然後加以詮釋。他的區分與順序值得參考，至於詮釋，我們不一定跟隨他。其所引十二點如下：

1. 笛卡兒揚棄了感官之知。他說，感官曾經欺騙我們，因此我們不能信任感官，即使它們只騙過我一次，也是一樣。

2. 然而這個懷疑是有限度的，因為對於微小或很遙遠的對象，感官可能欺騙我們；然而有些建基於感官之知的判斷似乎是不可懷疑的，譬如我手裡拿著這張紙、我坐在火爐旁等等。

3. 但是，當我睡眠時，我經常夢見類似的事項——我穿著浴衣、坐在火爐旁——其實我正躺在床上，沒穿衣服。那麼現在我可能是在夢中，夢見我坐在火爐旁。所以這類的判斷也是可疑的。

4. 然而我們可以假定，夢中的景象乃是以真實生活為基礎，正像圖畫是以實在事物為基礎一樣。所以這個世界上必須存在著頭、手、眼睛這類的東西。

5. 但是，一個畫家能夠創造純屬想像的東西（例如畢卡索的畫）。同樣，夢中的景物也可能完全是虛構的。

6. 然而即使是完全虛構的東西也必須符合那些最簡單和最普遍的東西，諸如延積、形狀、大小、數量、地點和時間，那麼至少這些東西必須是真實的。

⓯ HR，〈沉思集提要〉，pp. 142–143.

⓰ *Descartes*, p. 29.

7.據此似乎可以說，既然算術、幾何以及其他這類的科學，單單研究那些最簡單和最普遍的東西（不管它們是否存在），則這些科學應該是最確定的，因而是不能懷疑的。因為無論我是醒著或是睡著，2 + 3 = 5、一個正方形只有四個邊，這都是確定的。

8.現在又有另一個懷疑的理由：既然上帝是萬能的，那麼當我說 2 + 3 時，或者計算四方形的邊時，祂能夠欺騙我。

9.或者也許沒有上帝。在此情況下，我不是由完美的上帝創造的，而是生於一系列偶然的事件或一系列不完美的原因。如果我的出生如此的不完美，那麼我更沒有理由認為我的判斷不會錯了。

10.結論是：我所有的信念中沒有一個不可懷疑。

11.雖然我這樣努力懷疑一切，但是我那些習慣的信念仍舊常常回來，使我不能常常如願。

12.笛卡兒自己理會，說上帝會欺騙我們，這是矛盾的。因為上帝既是至善的，祂不可能欺騙我們。於是他又假設，也許有一個惡魔，他具有極大的能力，能夠常常欺騙我，使我相信天空、大地、顏色、形狀、聲音，以及其他一切外在的東西，都是真實的，然而實際上它們都是假的，都是夢幻。我完全是受騙的。

以上是根據《沉思集》第一篇所作的一個提要。關於這些條目，笛卡兒在世時以及在他去世之後，早有人提出了許多疑難。現在根據我們的理解以及其他參考資料，對上述各點加以詮釋與評論。

首先，笛卡兒對於感官的懷疑顯然有些誇張，一如他自己所承認的。因為感官固然有時候欺騙我們，但是我們能夠藉著以後的經驗以及理性的明辨去加以修正。修正之後，往往可以獲得確定的知識。例如，依照視覺，太陽是動的（有升有落），地球是靜的。但是藉著進一步的觀察和理性的明辨，我們修正了以前的錯誤。

但是另一方面，笛卡兒之不完全信任感官，也有道理，因為事實上感官往往誤導理性，使得理性做出錯誤的判斷，關於太陽和地球的動靜即是一個例子。另外，遠處的物體看起來比較小、地球的形狀（方圓）我們看不出來、遠方的鐵軌看起來狹窄、把筷子的一半插入水中看起來是彎曲的、一切顏色、聲音、滋味、氣味、冷熱（洛克所說的次要性質），都是主觀的反應，而非客觀的真實面貌。對於感官的這些幻相，我們固然可以修正，然而我們之所以能夠修正感官的經驗，乃是靠著理性的明辨與判斷，而不是單單靠感官自身的經驗。哥白尼之所以能夠證實地球是動的，不只是靠感官的觀察，而且是靠理性的推理活動。換句話說，單單靠感官自身，我們不可能修正感官，亦即不可能確知哪一個經驗是真實的、客觀的。所以，單單就感官自身而言，不能排除一切的懷疑。

現在話說回來，笛卡兒的意思並非真正地、永久地否定感官的有效性。他的意思是，只要找到一丁點兒懷疑的理由，就暫時把它「擱置」一邊，或「放入括弧，存而不論」。我們強調「暫時」，是有用意的。因為依照現象學家胡塞爾 (Edmund Husserl) 的主張，宇宙中可能有一些超現象的東西，而我們人類沒有能力去探討它們，這些東西應該「永久地」放入括弧，存而不論。笛卡兒則不然，他在討論了上帝之後，不久即討論感官之知及可感的世界，所以笛卡兒的不論只是暫時的。

笛卡兒自己理會了，有些建基於感官的判斷似乎是不容懷疑的，譬如我手裡拿著這張紙、我坐在火爐旁等等。的確，如果我們懷疑這些判斷或事實，一定有人說我們是瘋子。笛卡兒顯然不承認自己是瘋子（當然，事實上這樣的瘋子多得是）。於是他提出了另一個懷疑的理由，這即是有名的「夢」。

他指出，夢中的景象與情節往往非常逼真，作夢的人並不知道自己是在作夢。現在我自以為是清醒的，然而誰知道我不是在夢中。大家都知道，莊子早在公元以前已經提出過夢的問題。

對於這個假設，大家討論很多。有些人認為，這個理由力量不大，因為睡眠與清醒是可以區分的。區分的理由大致有下列幾點：

1. 清醒時所見的對象有秩序；夢中的景象往往沒有秩序。

2. 清醒時所見的對象與四周的環境相配合，並且與過去的經驗相配合；夢中的情景則往往缺少這些特性。

3. 清醒時能夠知道清醒與睡眠的區別；睡眠時則無法具有這樣的知識。

除此之外，可能還有其他的理由。

事實上笛卡兒在《沉思集》第六篇中修正了關於夢的理論。他說：

> 我現在理會，睡眠與清醒有很大的區別；因為睡眠中的事物不能因了記憶而與生活中的其他行為結合在一起⓱。

接下去他還作了如下的說明。就是當我醒著的時候，如果有一個人突然出現，又突然消失（如同在夢中那樣），而我既不知道他從何處來，又往何處去，則我會以為他是鬼魂或幻覺，而非真人。但是當這些現象發生時，我清楚知道他從哪兒來，往哪兒去，以及他何時

⓱ HR, I, p. 198.

出現，並且我能夠把他與生活中的其他事件連結在一起，因此我能確知，這些事件的發生不是在我睡的時候，而是在我醒的時候⓲。足見笛卡兒自己也承認，夢與醒到底彼此不同。

但是話說回來，有些人很會作夢，尤其是那些想像力特別活潑和特別敏感的人，他們夢中的景象往往很有連貫性。對這樣的人而言，夢與醒的區分似乎沒有那麼明顯。無論如何，若想找到一個區分夢與醒的絕對標準，在理論上似乎沒那麼簡單。只要有丁點兒懷疑的可能，笛卡兒即可將一切可感的對象「放入括弧，存而不論」。就其為一種方法而言，這是說得通的，他並沒有認真地否定那些對象。

接下去笛卡兒作了進一步的反省，夢中的圖像可能是導源於實際的生活。譬如我夢見張三，這可能是因為我曾經在生活中看過張三，跟他交談過，如同畫家的圖畫是以真實之物為基礎那樣。那麼到底有些東西是真實的。

不過，他仍舊找到了懷疑的理由。因為有些圖畫完全出自想像力的創造，在真實生活中沒有樣本，有些現代畫即是如此。所以夢中的人物和景象也可能是如此。基於這一點兒理由，我們就可以把一切可感的對象暫時「擱置」起來。

接下去他又作了深一層的反思。他指出，哪怕是最虛幻的圖像也要符合一些最簡單、最普遍的因素，諸如延積、大小、形狀、數量、地點、時間等等。譬如我夢見一個人，他必然有高度、大小、形狀、單一性，甚至在什麼地方等等。這些最簡單、最普遍的東西必須是真實的。另外，數學即是以最簡單、最普遍的東西為考察對

⓲ HR, I, p. 199.

象，所以是最確定的。例如不管我是醒著或睡著，2 + 3 = 5、正方形只有四個邊，不管世界上有沒有 2、3，或正方形。

笛卡兒自己提出的這個對抗懷疑的理由十分堅強。至少就數學的判斷自身而言（不涉及其他可感的對象），的確是不可能懷疑的。笛卡兒承認它們是「永恆的真理」。但是他為了按照既定的計畫徹底實踐他存而不論的方法，他於是強迫自己找到一些哪怕是虛構的理由來對數學的真理加以懷疑。這一次他提出的理由是：上帝是萬能的。祂創造了我，祂能夠如此地創造了我的理性，使我認為 2 + 3 = 5，其實 2 + 3 ≠ 5；使我認為正方形只有四個邊，其實不只有四個邊。這樣一來，數學也是可疑的。

對於這一項，大家爭論很多，有人提出異議，也有人為笛卡兒辯護。觀察了問題本身和各家的爭論之後，筆者提出下面的意見。

笛卡兒肯定，數學真理也是由上帝創造的，所以上帝能夠使 2 + 3 ≠ 5，或者一個圓的半徑不相等⓳，這個主張是荒謬的。因為「圓」的概念中包含著「其半徑彼此相等」，否則的話，即是「不圓」。如果否定「其半徑彼此相等」，即是否定了「圓」，這是矛盾的。不矛盾原理乃是理性的根本法則，否定不矛盾原理，等於否定理性。否定了理性，則什麼語言皆無意義，因而任何辯論皆無意義。因為那樣的話，肯定與否定毫無差別。所以絕不可以說，上帝能夠使圓的半徑彼此不相等。正如，上帝雖是萬能的，但是祂不能使自己不存在，因為上帝的概念中包含著祂是「必然之物」。說必然之物能夠不存在，這是矛盾的。

另外，2 + 3 = 5，這類的命題是最清晰、最分明的。如果否定這

⓳ AT, I, p. 145.

類的命題，無異於否定理性的一切能力。如此，則任何科學，包括形而上學，都無法建立，因為沒有一門科學比數學更清晰，更分明。再者，我們寧願否定上帝存在，而不願否定數學的真理，因為對僅具有限理性的我們而言，數學的真理比「上帝存在」以及支持上帝存在的一切論證更清晰，更分明。

所以，這一項懷疑的理由，可以說牽強附會，沒有什麼意義。

不過，從另一個角度來看，數學的真理也是可以懷疑的。這即是，雖然數學本身是絕對真實的，然而我們的理性不是絕對可靠的，在演算的時候往往犯錯，尤其是有人不擅長數學，許多數學題目都不會作，考試不及格的多得是。因而對於數學答案的真假，往往沒有完全的把握。另外，就兒童及心智失常的人而言，即使是簡單的題目，他們也往往作不來。

接下去笛卡兒指出，有些人不承認上帝存在，也不承認我們是由上帝創造的。他們似乎是說，人類是由偶然的機會或偶然的原因而生的。在這樣的情況下，我們的存在更不完美，而我們的判斷的真假也更沒有保障。

事實上，有些唯物論者，或進化論者，或經驗論者，提出了類似的主張。不過，我們認為，這個理由不足以推翻數學的真理，因為它們是最清晰，最分明的了，一如上述。如果有人否認數學的真理，則他必須否認一切知識和一切經驗，並且他必須是一塊枯木。如此的話，也沒什麼可辯的了。

最後，笛卡兒又提出一個全然虛構的理由來支持他的懷疑。他說，若謂至善的上帝常常欺騙我們，這顯然有失尊敬，也不可能。然而可以假設有一個「惡魔」常常欺騙我們（天主教徒相信有魔鬼），使我們相信天地萬物都是真實的，其實它們都是虛幻的。應該注意的是，這兒笛卡兒沒有提到數學的真理。

這個理由雖是虛構的，然而不含有矛盾，所以它有幾分可能性。無論如何，笛卡兒可以憑著一丁點兒理由，哪怕是虛構的，將過去的一切信念暫時放入括弧，存而不論。當然，如果他的懷疑是真正的懷疑，而不只是擱置，則這些理由是不夠的。

當他對於已往的信念和知識，按照計畫，作了一次大掃除或大清倉之後，他發現他在「思考」，因而建立了「我思考，所以我存在」(Cogito, ergo sum; I think, therefore I am) 這個命題，作為哲學的第一原理或起點。因為這個命題是最簡單的，因而也是最清晰、最分明的。

大體而言，笛卡兒的方法論相當嚴謹，亦頗有價值。如果我們正確地理解它，並將它加以彈性地運用，相信它對哲學及其他科學的研究，甚至對我們的日常生活，必有很大的幫助。至少使我們避免了武斷與妄斷，而少犯錯誤。

第三章　我思考，所以我存在

我們已經提到，笛卡兒的目標是找尋真理並建立新的哲學系統。為了達到這個目標，他首先建立了一套新的方法，其中包括懷疑的方法。按照這個方法，他將已往的一切知識都暫時放入了括弧，存而不論，或者說擱置了起來。於是他陷入了無知的狀態。或者，按他自己所說的：

> 我彷彿忽然躍入深水之中，既不能在水底站住腳，也不能在水面浮游起來，因此我就不能不驚惶失措❶。

就在這個時候，他尋得了一條確定的真理：「我思考，所以我存在。」這即是亞幾米德 (Archimedes) 所說的那個「確定不變的點」❷，也即是笛卡兒所尋找的哲學的第一原理❸。

在笛卡兒的哲學系統中，「我思考，所以我存在」這句話十分重要，也是後來的哲學家和註釋家爭論最多的。因此我們覺得有必要將這句話及其上下文引證出來，以便於討論。

---

❶ HR, I, p. 149.

❷ 同上。

❸ HR, I, p. 101.

這句名言，笛卡兒首先在《方法論》中提出來：

> 但是不久我就理會到，當我願意想像一切都是假的時候，作這個思考的我是某物，這件事必然是真的。既然「我思考，所以我存在」這條真理是如此的堅定與確實，連懷疑派的最荒誕的假設都無法動搖它，於是我斷定，我能夠安心地接受它，把它當作我所尋找的哲學的第一原理❹。

在《沉思集》中，笛卡兒沒有使用「我思考，所以我存在」這句話，然而他的思想並未改變。他說：

> 我對這些問題好好地想過之後，並且仔細地考察了一切之後，終於必須得出一個結論，並且堅持，「我存在」這個命題每次我說出它來，或是我心裡想到它，它就必然是真的❺。

在《哲學原理》中，他又重複了這個意思，並且又使用了「我思考，所以我存在」這句話。他說：

> 當我們如此揚棄我們可能懷疑的一切並且設想它們都是假的時候，我們很容易假定沒有上帝，沒有天空，也沒有物體，並且我們也沒有手，沒有腳，沒有身體，但是我們卻不能同樣地設想，當我們正在懷疑這些東西的時候，我們不存在。

---

❹ HR, I, p. 101.

❺ HR, I, p. 150.

> 因為，設想一物，當它進行思考時它不存在，這是矛盾的。因此，「我思考，所以我存在」這個結論，對於一個依照順序做哲學思辨的人而言，是第一條原理，也是最確定的真理❻。

以上是笛卡兒在三種不同的著作裡所肯定的「我存在」這個真理。他堅持這個真理最確定，絕對無法動搖，因為這個命題最簡單，完全符合了他上面所講的方法。不過，雖然這個命題是絕對確定的，然而它包含著許多問題，並且引起了許多爭論。對於這些問題我們必須加以澄清。

但是，在詳細考察「我思考，所以我存在」這句名言之前，我們先要說明一點，就是這個形式的命題似乎並非笛卡兒首創的。在他之前，聖奧古斯丁 (St. Augustine) 曾經說過幾乎同樣的話。他說：

> 我們存在，我們亦知道我們存在。……如果你錯了，那麼怎樣？如果我錯了，我存在。因為凡不存在者亦不能錯。因此，如果我錯了，那麼我存在。……既然「我錯了，所以我存在」是確定的，因此，無疑地，我知道我存在，我沒有錯❼。

聖奧古斯丁在《三位一體論》(*De Trinitate*) 中也說：

> 即使一個人懷疑，他活著。如果他懷疑他所懷疑的，他記得。

---

❻ HR, I, p. 221.

❼ *De Civitate Dei*, I, XI, ch. 26.
錢志純譯，《我思故我在》，臺北：志文，民國 61 年，頁 147。

如果他懷疑，他知道自己懷疑❽。

聖奧古斯丁這番話也是針對當時的懷疑論者而發的。他也是肯定「我存在」這個真理是確定的。如果有人懷疑一切，他至少知道一點，就是他知道自己存在，這是不能懷疑的。現在，笛卡兒所讀的學校（法萊士公學）是經院學派的學校，而聖奧古斯丁是經院學派的先驅。笛卡兒是否讀過聖奧古斯丁？是否受了聖奧古斯丁的啟發？這是值得思考的。無論如何，發現「我存在」這條真理的，笛卡兒並非第一人。

現在我們回到「我思考，所以我存在」這個題目上來。首先我們必須作一個區分（笛卡兒本人也作了這個區分）：一方面是「我存在」，另一方面是「我是什麼」。這個區分十分重要。如果我們不注意的話，則討論起來就會混淆不清。關於「我是什麼」的問題，我們在下一章討論，如今我們先討論「我存在」的問題。

就「存在」的層面來講，「我思考，所以我存在」這句話是絕對確定的。任何懷疑論的假設，哪怕是最荒誕的假設，也不可能把它推翻。它的真實性不能置疑。即使你搬出笛卡兒所提出的一切理由，也無法把它推翻。如果我懷疑，則我思考，所以我存在；如果我受騙，則我存在；如果我的思想是錯誤的，我也存在，否則的話，我不能犯錯；如果我在夢中思考，我也存在，因為如果我不存在，則我不會作夢。

我之所以知道「我思考，所以我存在」是真實的、確定的，是基於三方面的理由。第一，當我在思考時，我有意識或自覺，藉著

❽ *De Trinitate*, I, X, ch. 10, No. 14.

這個自覺，我理會到我在思考。這個「理會」乃是一種直接體驗或直接認知，其對象是思考行為之存在。對於我的思考行為，我不需立個心或有意地去理會，而是完全出於自然的。所謂「直接」，即是不經過概念或推理的過程。概念是表象，而我對思想行為的自覺不是透過表象，乃是直接理會這一個具體的、個別的事件。這個事件不是普遍的，這個理會也不是普遍的知識，「我存在」這個命題也不是普遍的。推理的過程常常需要中詞或媒介詞。既然這個理念不需要表象，當然更不需要中詞。此外，自覺的對象是我自己的內在行為，而不是別人的內在行為。如果我說：「張三在思考，所以張三存在。」這是靠推理，而不是靠自覺。其形式大致如下：

我思考，所以我知道我存在。

藉著進一步的反省，我知道「凡思考者必存在」。

張三在思考。

所以張三存在。

「凡思考者必存在」是一個普遍命題。它是我在經過了反省之後方才形成的。因為，按照我們的本性，我必先接觸個別之物，然後才能形成普遍的判斷。因為，若要形成普遍的判斷，必須先有「材料」。而接觸了個別之物，方有材料。所以接觸個別之物在先，形成普遍判斷在後，這個自然的秩序是無法顛倒的。

現在，我們對於內在行為的這個理會，可以稱之為「直接意識」(direct consciousness) 或「直觀」❾。這兒的「直觀」，顯然不涉及感

❾ Fernand Van Steenberghen, *Epistemology*, New York: Joseph F. Wagner, 1970, part II, ch. 2.
柴熙著，《認識論》，臺北：商務，民國 60 年，二版，第三章。

官之知，因而是一種理智的直觀。

對於直接意識，我們能夠經常加以反省。這個反省稱為「反省意識」(reflective consciousness)。反省意識之所以可能，主要是靠記憶。記憶固然能夠犯錯，但是，如果記得的事件剛剛過去，而且十分簡單，則這個記憶能夠是完全靠得住的。事實上，在直接意識之後，我們能夠馬上反省；而且「我存在」這個命題十分簡單，它的意思是「某物存在」，世界上沒有一個命題比它更簡單了。

藉著反省意識我們會形成普遍概念和普遍判斷，如「我」、「思想」、「存在」，或「我存在」、「凡思考者必存在」等等。

第二，我之能夠絕對地肯定「我思考，所以我存在」，沒有別的理由，只因為它是最清晰、最分明的。笛卡兒說：

> 接下去我就考慮，一般而言，一個命題之成為真實而確定的，它所需要的是什麼。因為，既然我發現了這樣一個命題，我想我也應該知道，那個確定性在於什麼。我看出來，在「我思考，所以我存在」這個命題中，使我確知我所說是真實的，只是我非常清楚地看出來，一個人必須存在才能思考，除此之外，什麼理由也沒有了。因此我就斷定，我能夠接受這個命題，把它當作一般的規則，這即是，凡是我們很清晰、很分明地認識的事物，常常是真的。不過，在判斷哪些事物是我們分明地認識到的時候，可能遇到一些困難❿。

孫振青著，《知識論》，臺北：五南，民國 71 年，第一章。

❿ HR, I, pp. 101–102.

在《沉思集》中他又說：

> 我確知我是一思考之物。然而我豈不是也因此知道，為能確知一件事需要什麼東西嗎？的確，在此第一個結論中，使我確知它的真實性的，唯有對於我所肯定的事件之清晰和分明的知覺。……所以在我看來，我能夠建立一條一般性的原則，就是，凡是我們很清楚、很分明地認識的事物，即是完全真實的⓫。

這兒所說的「清晰和分明」即所謂真理的判準 (criterion of truth)。據此我們可以判定一切真理，因為它是一條「一般的規則」。確實，依照笛卡兒，「我思考，所以我存在」是「哲學的第一原理」，既是「第一」原理，則其真實性與確定性不能再依賴其他更高的原理了（至少不能明顯地）。在此情況之下，唯一可能的判準即是清晰性與明顯性。

笛卡兒說，這個判準是一條「一般的規則」，意思是說，它是一個「普遍的」判準。這個話本來說得通，不過他在這兒所涉及的對象是「內在的」行為及其「存在」。存在這一事實和「我存在」這個判斷都是最簡單的。但是，如果對象是「外界的」，譬如地球、太陽等等，或者是超經驗的，譬如靈魂、上帝、宇宙本體等等，則可能沒那麼簡單，因而在應用這個判準時就應該特別小心了。

第三，我之能夠肯定上述命題的真實性，乃是因為被知的對象非常簡單。「我思考」是一項內在的原件 (datum)，無可置疑，正如

⓫ HR, I, p. 158.

我看到紅色，這個原件是不能置疑的。「我存在」是一個最簡單的判斷。因為這兒的「我」，笛卡兒尚未規定它是什麼。「我存在」即等於「某物存在」。「某物存在」乃是一個最簡單的判斷，因為它只涉及某物存在的事實，而不涉及任何性質，所以稱為「存在判斷」。

以上三個理由，就是對於思想行為的直接意識、清晰性與分明性，和認知對象的單純性，即是「我思考，所以我存在」這個判斷之真實性與確實性的基礎。

「我思考，所以我存在」這個判斷形式，早已成為笛卡兒的標誌。凡受過相當教育的人都能背誦它，一般註釋家更是以這個判斷為討論的焦點。但是，笛卡兒本人並不拘泥於這個語言的形式。其他形式也可以達到「我存在」的知識目標。試看《沉思集》中這一段話：

> 我已相信，整個世界上空無一物，沒有天，沒有地，沒有心靈，也沒有物體。那麼我是否同樣地相信我不曾存在呢？不是的。既然我曾相信一些東西，或者只因為我曾思考一些東西，因此我一定曾經存在。但是有一個欺騙者或別的什麼東西，他具有極大的能力和聰明，並且想盡辦法欺騙我。那麼，無疑地，如果他欺騙我，我存在；無論他如何欺騙我，只要我想我是某物，他就絕不能使我成為無。於是，在我作了充分的反思，並仔細考察了一切之後，我們必須得出一個確定的結論，這即是：「我存在」這個命題，每當我說出它來，或者在心裡想到它時，它必然是真的⓬。

⓬ HR, I, p. 150.

首先，在這兒，笛卡兒並未使用「我思考，所以我存在」這個形式，而是採用了其他不同的形式。這些形式可歸納如下：

1. 我相信或設想一些東西云云，所以我曾經存在。

2. 有東西欺騙我云云，所以我存在。

3. 我設想我是某物，所以我不能不存在。

4. 「我存在」這個命題，當我設想它時，它必是真的⓭。

第一式是「我思考，所以我存在」的過去式。第二式與「我思考，所以我存在」的形式完全不同。因為，第一，「有東西欺騙我」只是一個假設，不一定是真的，與「我思考」的情形根本不同；第二，「我」是被欺騙的對象，而不是思考的主體。第三式則為「我思考，所以我存在」的一個變式：「我思考我是某物」。第四式是就命題來說的。其形式為，當我說出或設想「我存在」這個命題的時候，這個「命題」必是真的。這兒是以「我存在」為我思考的對象，其基本架構仍是「我思考，所以我存在」，只是他把「我存在」當作一個命題來處理了。

上面第一、三、四式都是「我思考，所以我存在」的變式，不成問題。第二式則不涉及「我思考」，雖然如此，這個形式也同樣是真實而確定的。說明如下：第一，這兒所說的欺騙，根據上下文（我想有天有地有手有腳，等等，其實沒有），顯然是指他在認知方面欺騙我，而認知涉及思考。所以這句話可以改為下面的形式：「有東西在我思考時欺騙我，所以我存在。」第二，這個形式也是清晰的、分明的，如果我不存在，誰也不能欺騙我。第三，「我存在」這個結論是簡單的，一如上述。第四，借用康德 (Immanuel Kant) 的語言來說，

⓭ 肯尼著，陳文秀譯，《笛卡兒》，臺北：長橋，民國 67 年，頁 56。

這個形式的命題是分析的，因為「我存在」已經包括在「他欺騙我」這句話中，分析這句話，即可建立「我存在」，正如「若有一個三角形，則它必有三個角」是一樣的。

這兒我們要附帶指出，「我思考，所以我存在」這句話也是「分析的」。因為，依照笛卡兒的論點，我與思想是同一的，並非在思想之外另有一個我。因此，「我思考，所以我存在」，即等於「我思考，所以思想存在」。而一切分析命題都是絕對確定的。

再者，一切認知活動皆可作為「我思考，所以我存在」的依據。正如笛卡兒所說：

> 的確，我們在自己心中所觀察到的性質遠較在其他任何事物中所觀察到的為多，因為無論我們認識什麼東西，它都會更確定地迫使我們認識我們的思想。譬如說，如果因為我觸到地球，看到地球，因而堅信有一個地球，那麼，根據同樣的事實和更堅強的理由，我應該堅信我的思想存在；因為有可能我以為我觸到地球，而地球根本不存在，然而形成這個判斷的我，以及我作此判斷的心，卻不能不存在。餘可類推⓮。

由此可知，根據感官的活動，譬如我觸及地球，或看到地球，或看到太陽，我們也同樣能夠形成「我思考，所以我存在」這個命題，因為地球或太陽可能不存在，因而我的看或觸可能都是假的，儘管如此，然而我形成了這些判斷：「我觸到地」、「我看到太陽」等等。

⓮ HR, I, p. 223.
關琪桐譯，《哲學原理》，臺北：問學，民國 68 年，頁 25。

判斷即是思考，形成這些判斷的我和我的心靈，是不能不存在的。所以說，根據感官的認知活動，或其他認知活動，我們都能夠獲得「我思考（判斷），所以我存在」這條絕對確定的真理。

上文說，依照笛卡兒，一切認知活動皆可作為「我思考，所以我存在」的憑據。那麼，我們可不可以說「我走路，所以我存在」呢？就這句話本身而言，不可以。因為，第一，我可能沒有腳、沒有腿，至少我尚不能確知我有沒有它們；第二，「走路」不是認知活動。但是另一方面，如果我在意識裡「判斷」我在走路，那麼根據這個判斷，我就可以說「我思考，所以我存在」。餘可類推。

上面我們提到，「我存在」這個命題是最簡單的，這一點值得我們特別注意。「我」即是思想，思想是我意識到的對象，它是一個事實，一個原件，笛卡兒尚未規定它是「什麼」。所以「我存在」實等於「某物存在」，而「存在」不是任何性質。「存在」與「某物」是分不開的。我不可能單單意識到存在，因為如果沒有某物，則存在是空頭的，等於「無物存在」，也等於否定了存在。我也不可能單單肯定「某物」，因為不存在的某物不可能是實在的。所以我們最先認知與最先肯定的是「存在之物」。而存在之物的概念即是「有」(being)的概念。「有」的概念是最簡單的，因為它的內涵只有「某物」，沒有其他任何性質。據此可知，「有」是人類知識的第一個對象，無論什麼東西，它首先必須是「有」，否則的話，它必然是「無」。所以人類有能力而且最適合認識「有」或「存在之物」。人類在認識任何事物之際，必先認識「有」或「存在之物」，哪怕是不很自覺地。

雖然「我思考，所以我存在」這個命題是真實而確定的，但是它依舊引發了無窮的辯論。對於整個命題的形式以及命題中的每一個字或詞都有人提出批評或另外的註釋。對於這些批評或註釋，我們需要加以澄清，至少提出我們自己的觀點。首先討論命題的形式，因為這是大家爭論的一個焦點，其他的爭論是次要的。

現在，大家爭論的這個焦點是：命題中包含「所以」這個詞；那麼「我思考，我存在」這個命題是不是一個「推理」(inference; reasoning) 呢？許多人主張，它是一個推理。這樣的詮釋，威爾遜 (M. D. Wilson) 教授稱之為「天真的詮釋」(naïve interpretation)⓯。依照這個天真的詮釋，「我思考」是前提，「我存在」是結論。「所以」即表示了這個意思。其形式是這樣的：

凡思考者必存在。

我在思考。

所以我存在。

這個推理形式是正確的，前提是真的，因而結論是必然的。因為大小前提都是明顯的。

但是，依照大多數註釋家的意見，「我思考，所以我存在」是一個直觀，而不是一個推理，至少不能是一個三段式的推理。理由如下。

第一，笛卡兒在《指導心靈的規則》中曾說，求得確定知識的方法有兩種，一是直觀，一是演繹。直觀的意思則是，理智對於最簡單之物之清晰而分明的認知。他自己列舉的例子是：「我存在」、「一個三角形只有三個邊」，以及 2 + 2 = 3 + 1 等等⓰。足見「我存

⓯ M. D. Wilson, *Descartes*, London: Routledge and Kegan Paul, 1978, p. 52.（以下縮寫為 M. D. Wilson）

⓰ HR, I, p. 7, p. 13.

在」屬於直觀，而不屬於演繹，更不屬於三段式的推理。

第二，笛卡兒在《方法論》和《哲學原理》中都明白強調「我思考，所以我存在」是哲學的「第一原理」。既是第一，那麼在它之前沒有更高或更基本的原理了，否則的話，這個「第一」即完全失掉了意義。

第三，笛卡兒在世時，已經有人提出疑難，謂「我存在」這個結論乃是經由三段式推理而證得的。笛卡兒的答辯是這樣的：

> 當我們理解到我們是思考之物時，這是一種原始的認知行為，而非導源於三段式的推理。當有人說「我思考，所以我存在」時，他並非藉著三段式從「思想」推演出「存在」，而是藉著心靈之簡單的知覺認識了它，彷彿它是一個自明的東西那樣⓱。

顯然地，依照笛卡兒自己的理解，「我思考，所以我存在」是一種自明的（亦即不需要證明的）事件，我們對於這個事件的理解（意識的理會）乃是一種「原始的認知行為」。所以不需要三段式的推理。正如我們上面所指出者，我與思想是同一的。「我思考，所以我存在」實等於「我思考，所以思想存在」，這個命題是分析的，因而是自明的，不需要證明。正如三角形有三個邊和 $2 + 2 = 3 + 1$ 那樣，是自明的，不需證明。

接下去，笛卡兒提出了他自己的理由，這個理由也是正確的：

⓱ HR, II, p. 38.

> 這是很明顯的，因為如果它是藉著三段式推演出來的，那麼應該預先知道「凡思考之物皆存在」這個大前提。然而這個大前提是從個別經驗中學來的——這即是：除非他存在，則他不能思考。因為我們的心靈是被大自然如此構成的，就是，普遍命題是藉著對於個別之物的知識而形成的⓲。

笛卡兒提出的這個理由反映出他受了亞里斯多德的影響。這即是，我們最先認識的是個別之物，然後我們才能夠形成普遍概念和普遍判斷。現在，「凡思考之物皆存在」是一個普遍判斷。因此它預設了「我思考，所以我存在」的個別知識。在個別知識之前，我們不可能形成「凡思考者必存在」這樣一條普遍的原理。

根據以上三個理由，可知「我思考，所以我存在」是一個直觀，而不是一個三段式的推理。

但是笛卡兒在求得「我思考，所以我存在」這個真理之前或當時，已經使用了許多語詞和判斷。關於這些語詞和判斷的意義及真實性，他並未加以說明或證明。這麼說來，笛卡兒在作這個結論之前，還是有一些預設的，譬如什麼是思考、什麼是存在，以及先存在方能思考、不存在之物不能思考。另外，他預設讀者能夠理解他的語言及論斷的合法性與合理性。確實，笛卡兒不否認這些事實。他說：

> 當我說「我思考，所以我存在」這個命題對於那些按照條理從事哲學思考的人們而言是第一個和最確定的一個命題時，

⓲ HR, II, p. 38.

> 我並未因此否認，我們應該最先知道什麼是知識，什麼是存在，什麼是確定性，以及我們必須存在方能思考，等等。但是因為這些都是十分簡單的意念，並且它們自身不能使我們知道什麼東西存在，因此我就覺得我不必在這兒列舉它們⓳。

笛卡兒承認，他預設了「知識」、「存在」、「確定性」這些語詞的意義，也預設了「我們必須存在方能思考」這類的真理，甚至預設了「凡思考者必存在」這樣的前提。但是他並沒有「明顯地」注意它們，也沒有故意地使用它們來證明「我思考，所以我存在」這個命題（因為它不需要證明）。然而「預設」並不等於明顯地使用它們從事三段式推理的活動。譬如說，當我說「2 = 2 是真的」時，我預設了同一原理（存在之物是存在的；quod est, est）。但是，為能知道「2 = 2 是真的」這個命題，我不必須注意到，甚至不必須認識同一原理，因為「2 = 2 是真的」這個判斷是自明的。

笛卡兒不但預設了上述的語詞和原理，而且預設了「不矛盾原理」，以及「凡有屬性之處必有實體」這條原理，分別說明如下。

在《哲學原理》中，笛卡兒說：「設想一物，當它進行思考時它不存在，這是矛盾的⓴。」意思是說，思考之物在它思考之時是存在的，如果我們同時設想它不存在，這顯然是矛盾的。如果是矛盾的，一定是錯誤的。這兒「在它思考之時」非常重要。因為一個思考之物在它「不思考之時」是否存在呢？我不能肯定。因為在它不思考之時，即是思考行為不存在之時。思考行為不存在之時，則不能肯

⓳ HR, I, p. 222.

⓴ HR, I, p. 221.

定思想存在。同時，在這兒，笛卡兒沒有使用第一人稱「我思考之時」，而是說「思考之物……當它思考之時」(what thinks...as it thinks)。所以笛卡兒預設了兩條原理：

1. 凡思考之物，當它思考之時，它存在。

2. 不矛盾原理，這即是「一物不能同時既存在又不存在」；或者，「一物，我不能同時肯定它具有某個屬性又否定它具有那個屬性」。例如，我不能說，一物既是圓的同時又是非圓的。

雖然笛卡兒預設了這些原理，但是他並未明顯地拿它們當作前提來使用，正如當我說「2 + 2 = 3 + 1」時，我並未使用，甚至未想到同一原理或不矛盾原理，然而我們的一切認知活動皆預設了這些原理。

其次，在《哲學原理》中，笛卡兒說：「藉著我們靈魂中的自然之光，我們十分明顯地看出來，性質或特性不能屬於空無；凡有性質之處，必有它們所依附的某物或實體[21]。」簡單地說即是：「凡有屬性之處必有實體。」現在，這條原理也是他預設的，因為他並沒有事先證明它的真實性。另外，這條原理顯然出自亞里斯多德。因為，依照亞里斯多德，天地萬物首先分為兩大類，一為實體或自立體，一為附性或依附體。實體之定義為「自存之物」，附性之定義為「依附實體之物」。假定有一物，它既非實體，亦非附性，則它不可能是實在的，它必須是空無，或是一個虛假概念。在這個脈絡中，「凡有屬性之處必有實體」，這個話是自明的。

肯尼 (Anthony Kenny) 認為，「凡有屬性之處必有實體」這條原理，在巴克萊 (George Berkeley) 及休謨 (David Hume) 之後，似乎沒

---

[21] HR, I, p. 223.

有那麼確定無疑了[22]。這個批評似有討論的餘地。就巴克萊而言，他是主張，我們所經驗到的一切性質並不依附於物質實體。沒有物質實體，然而這些性質，就其為印象或現象而言，至少依附於我們的心靈或精神實體。所以巴克萊並未否定一切實體。

休謨則是一個非常特殊的例子。他否定一切實體，只承認感覺、印象或現象。不過，休謨這個理論似乎是矛盾的。因為，世界上應該有一些「自存之物」。如果現象不依賴於自存之物，則它們本身即是自存之物。他可以說，「我不知道現象是哪兒來的」，或者「我不認識自存之物是什麼」，但是不能說沒有自存之物。否則的話，如果現象本身也不是自存之物，則現象為無源之水，現象之發生無從說明。後來的康德只說他不認識本體 (noumena)，而並不否定本體之存在，因為本體之概念中不含有矛盾。

所以笛卡兒這個預設並非沒有根據。

以上說明了笛卡兒的「我思考，所以我存在」這個命題屬於直觀，而不屬於三段式的推理；並且在此結論之前，他預設了一些語詞的意義和若干原理，然而他並未明顯地以它們作為前提。因為「我思考，所以我（思想）存在」這句話是分析的、自明的，不需要求助於三段式的推理，正如我們說，「三角形有三個邊」，或「2 + 2 = 3 + 1」，或「球體只有一個面」，這些命題也是自明的，沒有研究過其他知識原理（如第一原理）的兒童也能知道這些命題是真的。因為這個緣故，許多兒童皆可學習算術。

現在，對於上述的問題，威爾遜教授提出了第三個意見[23]。她

---

[22] 肯尼著，陳文秀譯，《笛卡兒》，臺北：長橋，民國 67 年，頁 60。

[23] M. D. Wilson, pp. 64–65.

主張,「推論」(inference) 與「三段式的推理」(syllogistic reasoning) 是不同的。笛卡兒的「我思考……」,即使不是三段式的推理,到底也是一種推論,由「我思考」而推斷出「我存在」。理由是:笛卡兒理會到,「我存在」乃是「我思考」的條件,正如他自己所說的:「我不否認,我們應該最先知道……我們必須存在方能思考㉔。」

威爾遜教授這個主張似乎也說得通。因為,按照認知的秩序,我先理會思考活動,然後才看出來「我存在」。「我存在」,在「存在的」或「本體的」秩序方面,是「我思考」的條件。再者,依照這個推論說,更容易理解「有東西欺騙我,所以我存在」這樣的命題,因為「我存在」似乎是由「有東西欺騙我」這個前提裡面引申出來的,「我」不是主體,而是被欺騙的對象,那個命題的結構與「我思考,所以我存在」的結構是不同的。再者,「我思考,所以我存在」可被視為一種「直接推理」,類似於,由「人是動物」,我們可以直接推得「有些動物是人」。直接推理不同於三段式推理,因為後者需要中詞或媒介詞。無論如何,即使「我思考……」是一個直接推理,也不會影響它的真實性與確定性㉕。

除了上面關於直觀或推理的主要爭論之外,尚有一些較為次要的爭論,也需要加以澄清。首先,謝瓦利 (Chevalier) 和艾爾 (A. J. Ayer) 兩家都認為,「我思考」在某種意義上是多餘的;我們不需要經由「我思考」即可以直接達到「我存在」。謝瓦利說,笛卡兒的直觀生動而清晰地揭示出他存在的事實。艾爾說,我思考與我存在同樣是清晰明顯的,所以不需要從「我思考」推演「我存在」。辛諦卡

㉔ HR, I, p. 222.

㉕ M. D. Wilson, p. 56.

(Jaakko Hintikka) 稱這個情形為「存在的自我檢證」(existential self-verifiability)[26]。

以上的批評似乎不很妥當。因為第一，他們假定「我」與「思想」是兩個不同的東西，因此又假定笛卡兒是從「我思考」推論出「我存在」。然而我們上面已經指出，依照笛卡兒的觀點，「我」與「思想」是同一的，「我思考，所以我存在」實等於「我思考，所以思想存在」，這句話是分析的、自明的，是基於直觀，而不必求助於推理（最多是一種直接推理，一如上述)。第二，「存在」不是直接意識的對象。若要認識存在，必須透過一些活動。依照笛卡兒所說，這個活動必須是思考活動。因此，所謂「存在的自我檢證」也必須是透過某種活動。存在本身是不能受檢證的，因為沒有活動，則沒有意識。謝瓦利和艾爾似乎都沒有掌握這一點。

如此說來，可不可以像加森蒂所說，「凡有行動者必存在」呢？何必需要「我思考」呢[27]？對於這個意見，笛卡兒曾經這樣說：

> 如果我說我看見，我走路，所以我存在，以及如果我所說的看見或走路是指眼睛或腿的動作（它們是身體的活動)，則我的結論不是絕對確定的；因為，如同在睡夢中那樣，我以為我看見或走路，然而我從未張開眼睛或變換地方，並且如果我根本沒有身體，這件事也同樣可以發生。但是如果我說的只是我的感覺，或者只是自覺好像看見或走路，則即成為真的了，因為現在我只是就我的心靈而說的，唯有心靈才能使

[26] 肯尼著，陳文秀譯，《笛卡兒》，臺北：長橋，民國 67 年，頁 42–43。

[27] HR, I, p. 222.

> 我覺得或以為我看見或走路㉘。

據此可知，看見或走路，雖然也是活動，不過，單單就其為身體的活動而言，則「我存在」是不確定的，因為我可能沒有身體（在現階段，我不知道我有沒有身體）。但是就其為一種知覺（意識）而言，「我存在」是確定的。知覺即是思想。

羅素對於「我思考」中的「我」提出了異議。他說只要說「有思想」就足夠了，不必說「我」；因為「我」不是原件，亦即沒有呈現出來㉙。

羅素的批評似乎不大切題。因為第一，「我」是原件，與「思考」同時呈現出來；一切思考行為都是「我思考」，絕不是「有思考」。否則的話，我根本不知道「誰」思考，或者有沒有思考。第二，「我」，就其本質而言，沒有呈現出來；就其為主體而言，已經呈現出來。羅素似乎沒有注意到這個區分。

紀奇 (Peter Geach) 也批評說，「我思考」中的「我」並非指「我是笛卡兒」，也不指任何東西。所以「我」是多餘的㉚。

的確，「我思考」中之「我」沒有指出我是笛卡兒，或者我是某教授。然而「我」呈現為主體，與思考同時呈現在意識中，它是一個原件。只是在現階段，笛卡兒尚未規範我是什麼。就其呈現的最

㉘ 《哲學原理》，I, p. 9.

㉙ Bertrand Russell, *History of Western Philosophy*, London: Allen and Unwin, 1961, p. 550.

㉚ Peter Geach, *Mental Acts*, London: Routledge and Kegan Paul, 1957, pp. 117–121.

初狀況而言，我與思考是分不開的。後來的康德也肯定這一點。

辛諦卡似乎認為，「我思考，所以我存在」這個推論是循環的 (petitio principii)，因為我們必須存在，方能思考，存在有在先性㉛。

我們上面提過，存在的次序與認知的次序是不同的。就存在的次序言，先存在，然後才能思考。但是就認知的次序言，先要有思考活動（或其他心靈的活動），然後才認識存在。辛諦卡似乎混淆了這個次序。當然，辛諦卡可能認為，存在能夠「自我檢證」，因而可以直接認識存在。但是，事實上，存在的自我檢證必然預設了一些活動。否則的話，我們沒有自覺，因而也不能自我檢證。所以笛卡兒這句名言並不是循環的。

另外，威爾遜教授引述辛諦卡的意見說，「我思考，所以我存在」這句話，就其為一種推理而言，是不妥當的。因為，依照這個推理方式，我們也可以說，「荷馬 (Homer) 或是希臘人，或是異邦人。如果他是希臘人，他存在；如果他是異邦人，他也存在。」但是這不能證明荷馬一定存在㉜。

這個批評更是不切題了。第一，對於荷馬這個人，我們沒有確定的知識。如果我們已經確知荷馬存在，則這個推論是多餘的（雖然它是真的）。「我思考」是確定的，所以「我存在」是確定的。第二，「荷馬云云」是一個命題，是由別人說出來的。「我思考云云」

㉛ Jaakko Hintikka,"Cogito, ergo sum: Inference or Performance", in *The Philosophical Review*, LXXI, Jan. 1962, pp. 3–32.
Willis Doney, ed., *Descartes: A Collection of Critical Essays*, New York: Doubleday Anchor, 1967, pp. 108–139.

㉜ M. D. Wilson, p. 62.

是一個具體活動，我正在做這件事。兩者無法相比。第三，「荷馬云云」，說這話的人一定存在。

威爾遜教授還提出一個問題，就是，「我」是不是同一的[33]？因為，思想流動不居，變化無常，沒有兩個思想是相同的。那麼，如果「我」也是如此變化無常的，則不可能具有同一性。

笛卡兒似乎沒有直接注意這個問題。他似乎認為，「我」的同一性是理所當然的（傳統哲學也是如此認為），因為呈現在意識中的我是同一的。依照笛卡兒的思想系統，「我思考」是一個原件。這個原件，或是在原件的後面，非有實體不可，否則的話，變動的思想行為無所依屬。所以他肯定「我」是實體，具有同一性。

休謨一派的經驗主義者顯然不能接受這樣的意見。他們主張，唯有直接經驗到的東西才可以肯定。實體或同一性是超經驗的，所以不能肯定。「我」只是一堆知覺之集合，隨著知覺變化流動。

上述威爾遜教授似乎認為笛卡兒的主張是有理由的，筆者同意威爾遜教授的觀點。

以上敘述了「我思考，所以我存在」的主要涵意以及各家對這句話提出的若干疑問。總括地說，不管這個命題屬於直觀，或屬於推理，我們對於「我存在」的知識是絕對確定的，沒有懷疑的餘地（關於我是什麼的問題，另當別論）。

由「我存在」這個命題的確定性，我們能夠直接引申出以下的結論，這些結論也都是同樣確定的。

1. 世界上有真理，至少有一條。如果有人說，世界上沒有真假，或無所謂真假，或真假都是相對的，都是主觀的，這樣的說法都是

[33] M. D. Wilson, p. 66.

錯誤的，那些人或是沒有讀過笛卡兒，或是沒有了解笛卡兒。

2. 我有認識真理的能力，我至少認識一條，「我存在」。據此，普遍懷疑論是不能成立的。你可以說，你只能認識經驗界的現象，或者你只能認識內心的現象，或者你的知識是有限度的等等，但是你不能說你完全沒有認識真理的能力，當你懷疑我的理論或反駁我的理論時，你必然知道你存在。

3. 我能夠認識「存在之物」或「有」，因為「我」即是一存在之物。所以存在之物或「有」能夠作為知識的對象。既然我認識了一個存在之物，那麼其他存在之物，在適當的條件下，亦有可能作為我認知的對象。從「我存在」這個真理已經顯示出，理智的本性最適合認識存在之物了。

4. 對於思考現象，我有意識，並且我看出來，思考與關於思考之意識，多多少少是有區別的。我之能夠肯定「我思考，所以我存在」，就是因為我能意識到這一事實。

5.「我」與「思想」，至少在概念上，似乎有些區別。因為，「我」指涉主體，並且呈現為同一的；「思想」指涉活動，並且呈現為變化無常的。其不同的程度，另外討論。

6. 笛卡兒假定，人類理智的本性是相同的或至少是相似的，一切思想主體都能認識自己的存在。因此我們可以說，凡思想主體，當他思考時，他能夠毫無疑惑地肯定他的存在。這即是說，「我思考，所以我存在」這個命題可以成為普遍的。

笛卡兒提出「我思考，所以我存在」，對知識論和形而上學皆有很大的貢獻。他一勞永逸地駁倒了普遍的懷疑論。現在，他所提出的真理的判準（清晰分明的觀念），本來也有很高的價值。但是他似乎過分強調主觀的觀念，而沒有相等地重視客觀事實。這一點至少從兩方面看得出來。其一，他主張主要的觀念是天賦的（因而不是經由客觀事實獲得的），這樣一來，我們的觀念完全是主觀的了。其二，從他後來應用這個判準的情形，也可以看出他具有主觀的傾向，而忽視了經驗事實。關於這些，我們將在下面詳細討論。

第四章　我是什麼

上一章裡我們討論了我的存在，現在我們要討論「我是什麼」。這原是笛卡兒自己所做的區分，這個區分導源於經院哲學。因為依照聖多瑪斯，在萬物之中，存在與本質是不同的，唯有上帝，祂的存在即是祂的本質，所以上帝的存在是必然的，而萬物的存在不是必然的，是偶然的。笛卡兒的區分顯然受了經院哲學的影響。

以上的區分十分重要。因為，關於「我存在」的知識是絕對確定的，並且從這條確定的知識我們可以獲得一些絕對確定的結論。這些結論對知識論和形上學都有很大的貢獻。然而關於「我是什麼」的知識，往往沒有那麼確定。有些意見是可以討論的。

一、我是一「思考之物」

笛卡兒在建立了哲學的第一原理——我思考，所以我存在——之後，接下去他就探討我的本質。按照方法的要求，他進行得非常小心，正如他所說的：

> 現在我要考察我是什麼。為了避免錯誤，我要進行得十分小心，凡不是絕對確定和不可置疑的東西，我絕不承認❶。

但是，在這之前，他已經學習了很多意見，譬如他相信自己是人。他說：

> 我以前相信自己是什麼呢？無疑地，我相信我是人。然而人是什麼呢？是理性動物嗎？一定不是。因為那樣的話，我必須探究動物是什麼，理性是什麼；於是從一個問題我不知不覺地掉進無限多的其他更困難的問題❷。

「人是理性動物」，這個話是亞里斯多德提出來的。經院哲學家接受了這個意見。至少在現階段，笛卡兒不承認這個說法。接下去他指出了「我是什麼」：

> 那麼我是什麼呢？一個思考之物 (res cogitans; a thing which thinks)❸。

這個命題包含若干意思，其中有的確定，有的不確定：

1. 我至少是某物，而不是虛無，所以我是「有」。
2. 我是主體，亦即思想之主體。
3. 我與思想是同一的。
4. 我是實體。
5. 我只是思想。

---

❶ HR, I, p. 150.

❷ 同上。

❸ HR, I, p. 153.

第 1 和第 2 是確定的。因為，不管我是什麼，我必然是「有」，而不能是虛無，這是自明的，它跟「我存在」這個命題同樣是自明的。另外，根據「我思考」，我必然是一個主體，至少在我思考的同時，這也是自明的。當然，所謂主體能夠有不同的意義：能夠指實體，或指先驗主體，或指許多知覺之集合（休謨）等等；然而我是主體，這是自明的，不容置疑。至於第 3、4、5，則需另外討論，因為它們不是自明的。關於這些我們在下面分別討論。

接下去，笛卡兒說：

> 什麼是思考之物呢？它懷疑、了解、肯定、否定、欲求、拒絕，並且它也想像和感覺❹。

他在《哲學原理》中也說：

> 按照我的理解，思想這個字的意思是指我們所意識到的一切內在活動。為此，不只了解、欲求、想像是思想，就連感覺也同樣是思想❺。

根據這兩段引文，我們知道，我的思考活動有許多種。分析之下，至少包括四種：

1. 理智的活動，如懷疑、了解、肯定、否定。
2. 意志的活動，如欲求、拒絕。

---

❹ HR, I, p. 153.

❺ HR, I, p. 221.

3. 想像的活動。

4. 感覺，如看見、聽見。

說思想包括了理智、意志和想像的活動，這一層比較容易理解（儘管這也不是傳統的說法。依照傳統，想像是感性的活動，而不是思想，甚至意志的活動也不是思想）。但是，謂感覺是思想，這是很不妥當的。笛卡兒將感覺分為兩方面，一是身體的活動，一是意識的判斷。例如，「我看見某物」，這是一個感覺。看見一方面是眼睛的行為，因而是身體的行為，一方面也可能是我想我看見，或者我覺得我看見，而事實上我的眼睛並沒有看見，如同在夢中那樣❻。然而感覺的意義包括下面兩項：

1. 眼睛（身體）的活動。

2. 有外在的對象，譬如一隻狗。

而「我想我看見」，這個「想」並非感覺，而是意識的判斷。所以笛卡兒所說感覺是思想，這個話是不妥當的，是一種混淆。

在《沉思集》第二篇裡，笛卡兒進一步說明我不是什麼。他說：

> 我是一思考之物。還有什麼呢？我要用我的想像力（看一看我還是什麼）。我不是我們稱為人體的許多肢體的集合，我不是分佈在這些肢體中的精微空氣，我不是風，不是火，不是蒸氣，不是呼吸的氣體，也不是我能想像或設想的任何東西，因為我已假定這一切都不存在❼。

---

❻ HR, I, p. 222.

❼ HR, I, p. 152.

這兒笛卡兒指出，我不是身體或肢體的集合，也不是分佈身上的氣體。因為他已假定它們不存在。在此階段，他還不能說他是身體，因為他尚未證明身體存在。所以，他的意思是：在現階段，我只知道我是一個思考之物。

二、我是實體

笛卡兒在《方法論》第四篇及《沉思集》第六篇（以及在許多別的地方，譬如在答覆反對意見時），除了指出我是一個思考之物之外，又肯定「我」是實體 (substance)，或靈魂，或心。

首先，笛卡兒所謂的實體是什麼意思呢？他在《哲學原理》中說：

> 所謂實體不是別的，只是這樣的存在之物，它為了存在不需要別的東西❽。

在答覆反對意見的部分，他也說：

> 凡直接存在於自身如同存在於主體者，或是我們知覺到有些東西藉著它而存在，諸如特性、性質或屬性（我們擁有它們的真實觀念），這樣的東西即稱為實體❾。

---

❽ HR, I, p. 239.

❾ HR, II, p. 53.

以上是笛卡兒給「實體」一語下的定義。定義中包括兩個主要意思：

1. 實體能夠自存，不依賴於別的東西（只依賴上帝）。

2. 它是其他東西的主體，這其他東西憑著它而存在。

實際上這兩層意思皆導源於經院學派。在經院學派裡，實體被界定為自存之物，依附實體而存在的那些東西則稱為依存之物或依附體或附性 (accident)。依照笛卡兒，我這個思考之物即是這樣的實體。他之所以肯定實體的理由是，「藉著自然之光我們知道，一個真實的屬性不能是無物的屬性[10]。」或說，性質或特性必有所屬。因此，如果我們知覺到一些性質，則必定有實體[11]。笛卡兒這個推論，從實在論的觀點言，以及從他的理性主義的觀點言，是合法的、有效的。因為從存在的觀點來區分的話，一個性質，譬如思想，它或是自存，或是依存，沒有第三個可能性。如果它自存，則它是實體；如果它依存，則它是依附體。依附體必然依附於某物，絕不能依附於無物。同時，世界上不可能都是依附體，好像說，依附體依附於依附體，此依附體又依附於另外的依附體，等等，到頭來沒有一個自存之物，那是說不通的。

最先否定實體的人可能是休謨。他說，實體是超經驗的，所以不可知。就連這個「我」也只是一堆知覺之集合 (a bundle or collection of different perceptions)。那麼依照休謨，一切知覺、一切現象，都是懸空的，都不能腳踏實地，因而都是無源之水。這個理論根本說不通。在這一點上，巴克萊比休謨更合邏輯。他否認物質實體 (material substance)，然而他承認精神實體，譬如上帝和人類。知覺到的一切

---

[10] HR, II, p. 53.

[11] HR, I, p. 222.

現象，至少依存於人心之中。康德雖然主張本體不可知，然而他肯定物自身 (things in themselves) 之存在，尤其在道德學中，他堅決設定了本體界的事物。雖然他在某些方面（譬如在因果原理的論說方面）喜歡休謨，然而在有關實體（本體）的問題上，他並不接受休謨的意見。現象學家胡塞爾也認為實體不可知，因此把它放入括弧，存而不論。但是，存而不論，並不等於否定其存在。今天如果有人接受休謨的意見，否定實體的存在，那是根本站不住腳的。

笛卡兒肯定實體存在。但是他指出，我們認識實體的方式不是直接的，而是間接的。他在《哲學原理》中指出，我們無法直接觀察到自存之物，我們只能通過它的某個屬性（依附體）去認識它，因為任何東西都擁有一些屬性，沒有例外。因此，只要我們觀察到一些屬性，我們即可以肯定實體的存在⓬。在回答「第四組反對意見」時，他也指出，對於實體，我們沒有直接的知識（一如在別處說過的），而是由於我們知覺到一些性質或屬性，而這些屬性必須依存於一些東西，那麼它們所依附的那個東西，我們就稱它為實體⓭。

笛卡兒認為，我們不能直接認識實體，而必須通過某種推論，亦即必須通過實體的屬性或活動，這個意見也符合傳統。這即是說，對於實體，我們既沒感性的直觀，亦沒理智的直觀。所以如果實體不活動，不作用於我們的官能，則我們無法認識它⓮。

⓬ HR, I, p. 240.

⓭ HR, II, p. 98.

⓮ 笛卡兒的「實體」是可知的（間接地），康德的「本體」和「物自身」是不可知的。不過，他們兩家的「知」具有不同的意義。康德之「知」的對象是指通過感性之先天形式及悟性之先天範疇的東西；笛卡兒之

此外，我們也知道，實體與屬性是不同的。實體是屬性的主體，屬性是依存於實體的附性。實體常住，附性則變化無常，譬如我有時懷疑，有時肯定，有時否定，有時欲求，有時想像，等等。

實體分兩種，一為思想實體，其本質是思想；一為物質實體，其本質為延積。思想實體稱為心或靈魂，正如笛卡兒所說：「思想直接存在於某實體之內，此實體我稱它為心 (mind)⓯。」

上面我們說過，思考、想像、欲求等屬性，必須依存於一個主體，此主體稱為實體，這是說得通的。但是依照笛卡兒，此實體即是心或靈魂，這一點既不清晰亦不分明。因為，根據許多當代學人的研究，思考活動與腦子和神經中樞系統的關係十分密切。說不定思考活動即是腦子的作用。若要證明思考活動不是腦子的作用，而是靈魂的活動，那是非常困難的。自從蘇格拉底 (Socrates) 以來，直到今天，有許多哲學家和神學家試圖證明靈魂的存在。然而他們提出的理由似乎都不夠充分，至少不夠清晰。此外，許多高等動物也具有知識和其他心理現象，然而我們並不因此認為牠們有靈魂（思想實體)。所以笛卡兒關於思想實體或靈魂的意見似乎並不確定。他忽視了這個問題的複雜性。另外，在「反對意見與答辯」中，霍布士已經指出，「思考之物可能是思想、理性或悟性所屬的主體，然而這個主體可能是物質物⓰。」

笛卡兒既然肯定了「我」的本質是思想，因此他進一步主張，

「知」沒有這個限制。

⓯ HR, II, p. 53.

⓰ John Cottingham, *Descartes*, Oxford: Basil Blackwell, 1986, p. 115.（以下簡稱「柯丁漢」)

「我」(靈魂）常常思考，沒有停止的時候；如果靈魂停止思考，說不定它就不能存在⓱。因此即使在熟睡中，以及在嬰兒期（甚至在母胎時)，也在思考，否則的話，靈魂可能不存在了⓲。

笛卡兒這個意見顯然有點牽強。我們在熟睡時是否繼續思考，這一點不明顯，也不易證明。在嬰兒期是否有思考行為，我們沒有記憶，因而也無法證實。笛卡兒之所以有如此的主張，乃是因為他已經肯定思想是靈魂的本質。在此前提下，他似乎不得不說靈魂常常思考。既然這個結論有點牽強，那麼他的前提也可能不十分妥當。

三、心靈比物體更容易被認知

笛卡兒已經肯定了心靈是實體。現在他指出心靈比物體更容易被認知。他在《沉思集》第二篇中指出，對於可感的對象我們沒有確定的知識，對於想像的對象我們也沒有確定的知識。唯獨對於我的心靈我才有確定的知識。所以沒有比心靈更容易被認知的了⓳。在《哲學原理》中他又說，他清晰地看出來，凡屬於物體的那些東西，諸如延積、形狀、地區的運動，等等，都不屬於我們的本性，唯有思想屬於我們，因此關於思想的知識先於一切關於物體的知識，因為我們能夠懷疑世界的存在，但不能懷疑思想的存在，並且，當我們懷疑世界的存在的時候，我們已經認識了思想⓴。

⓱ HR, I, pp. 151–152.

⓲ AT, VII, p. 356.

⓳ HR, I, p. 157.

⓴ HR, I, p. 221.

笛卡兒這個主張也必須分兩方面來討論。一方面是關於自我的存在和一些心理現象或行為的存在，另一方面是關於我是什麼，譬如我是不是思想實體或物質實體等等。

先說第一項。首先，對於自我的存在和大部分的心理狀態，我們具有意識或自覺，這是可以肯定的；不過，對於某些內在狀態我們沒有意識或自覺。這個情形，弗洛伊得 (Sigmund Freud) 已經指出，並且得到了大家的讚許㉑。其次，自我的存在和自我的一些內在狀態比物體或身體更容易被認知，這是真的，然而這並非笛卡兒的創見。在笛卡兒之前，蒙田曾經說過，我們應該認識「自己和自己的內在狀態」㉒。這樣的思想遠在公元第五世紀就有人提出了。聖奧古斯丁曾說，「沒有比思想自身更接近思想的了」，又說，「有什麼東西像心靈（思想）那樣被我們如此密切地認識呢？因為它知覺自己存在，其他一切都是藉著它而被知覺㉓。」

所以認識自我和自我的內在狀態，就一方面說是最容易的，比認識什麼都容易。但是就另一方面說，認識自我是很困難的。蒙田指出，心靈之「主要的和最勞苦的探索是探索它自己㉔。」聖奧古斯

㉑ E. M. Curley, *Descartes Against the Skeptics*, Cambridge: Harvard University Press, 1978, p. 172.（以下簡稱「柯里」）

㉒ Montaigne, p. 481.

㉓ *De Trinitate*, X, III, p. 5; VIII , VI, p. 9.
此外，關於笛卡兒與聖奧古斯丁的關係，可參看：E. Gilson, *Etudes sur le rôle de la pensée Médiévale dans la formation du système cartésien*, Paris: J. Vrin, 1951; G. Matlhews,"Si Fallor, Sum", and "The Inner Man", both in Augustine: *A Collection of Critical Essays*, ed. R. A. Markus, Garden City, N. Y.: Doubleday, 1972.

丁也說，「心靈到底愛什麼呢？它既然不認識自己，於是它熱烈地企圖認識自己㉕。」不過，認識自我的困難是就上面第二項（亦即我是什麼）而說的。

聖奧古斯丁論及認識自我的困難時，主要是指自我之形而上的和道德的性向，譬如自我是單純的或是複合的？是不是不死的？有些罪惡是如何發生的？罪惡的性質是什麼？等等㉖。如果笛卡兒的意思是說，我們最容易知道自我是思想實體，是靈魂，是不死的，則這個話是不確定的：既不清晰，亦不分明。到今天為止，似乎還沒有人能夠證明自我是靈魂，而且是不死的。

但是有人認為，不但思想實體或靈魂不容易認識，就連思考行為（內在狀態）也不容易認識，因為我們對於思考行為沒有自覺。譬如霍布士曾說：

> 我不能藉著另一個思想推論出我思考；因為，雖然有人能夠想他有思想——這個思想不是別的，只是記憶——但是一個人不可能思考他在思考，正像一個人不可能知道他知道一樣。因為那樣的話，則會有一個無限多的問題：你如何知道你知道你知道你知道你知道㉗？

㉔ Montaigne, p. 621; 柯里引，p. 173.

㉕ *De Trinitate*, X, III, p. 5; 柯里引，p. 173.

㉖ 柯里引，p. 174.

㉗ AT, VII, p. 173.
HR. II, p. 62.

在笛卡兒與柏曼的對話錄中，柏曼提出了同樣的困難。大意謂，既然意識是思考，則心靈不能有意識。因為當你想你有意識時，你已經轉入另一個思想了，因此你所想的已非先前的思想；所以你意識到的不是你在思考，而是你曾經在思考㉘。

柏曼的意思是，思想進行太快，心靈自身來不及掌握它。當你要掌握它時，它已經溜走了，你只能回憶它。對於這個反對意見，笛卡兒的回答是，意識即是反思，並且主張，意識能夠與作為它的主體的思想是同時的。他說：

> 意識確是關於自己的思想的思考與反思；然而若謂當先前的思想仍在時此反思不能發生，則是錯誤的。如同我們已說過的，靈魂能夠同時思考若干事物（指的是 AT, V，p. 148），在它的思想中持續不斷，隨心所欲地反省它的思想，因此意識到它的思想㉙。

以上的論辯顯示出，霍布士、柏曼，甚至笛卡兒，都沒有正確理解意識的性質。關於意識的問題，在笛卡兒之後，許多人作了進一步的探討㉚。大意謂，意識分直接的與反省的。對於我們內在的活動

㉘ AT, V, p. 149; 柯里引。

㉙ 同上。

㉚ Fernad Van Steenberghen, *Epistemology*, New York: Joseph F. Wagner, 1970, part II.
柴熙，《認識論》，臺北：商務，民國 60 年，二版，第三章。
孫振青，《知識論》，臺北：五南，民國 71 年，第一章。

（思考、意願、感覺等等），我們具有直接意識，亦即一種簡單的理會（對於某些活動，諸如血液循環、新陳代謝，以及潛意識中的事物，我們沒有這樣的意識）。一個主要的理由是，如果沒有直接意識，則對於過去的思考行為我們不能有記憶，因為對於沒有自覺的行為，我們是不可能有記憶的。這個道理是分析的。這一點，以上的辯論者似乎都沒有注意。笛卡兒只提到反省意識。反省意識是對於過去的，甚至正在進行的內在活動加以反思，甚至加以研究。我們之所以能夠研究認識的問題，即是憑著反省意識。所以笛卡兒主張我們對於我們的思考行為具有意識，大致是正確的，他的缺點在於他未能掌握直接意識與反省意識的區分，而認為一切意識都是反省意識。此外，意識並不能告訴我們自我是什麼（是思想實體？是靈魂?）。對於這些問題，笛卡兒的判斷似乎太倉促了，他並沒有像他說的那麼小心謹慎。霍布士和柏曼所攻擊的不應該是我們對內在行為有沒有意識的問題，而應該是我們能否根據意識建立我是思想實體的問題。

四、心靈與物體的區分是實在的

笛卡兒不但主張心靈比物體更容易被認知，並且主張心靈與物體的區分是實在的。意思是說，心靈的本質與物體的本質各自獨立，其中一個不包含另一個，也不依賴於另一個，因而可以分別存在。因此它們的區分不只是邏輯的或概念上的，而是實在的。這即是大家所爭論的「實在的區分」(real distinction)。

笛卡兒為了證明心靈與物體的區分是實在的，提出了三個論證。

第一，從懷疑的觀點來看，我能懷疑物體存在，但不能懷疑心靈存在，所以心靈不同於物體。第二，從清晰的觀念方面來看，我對心靈有清晰的觀念，對物體也有清晰的觀念，我看出來它們彼此不同。第三，從思想之不可分的觀點言，思想是不可分的，物體是可分的，所以思想不同於物體。

先說第一個論證。在《方法論》第四篇裡，笛卡兒說：

> 接下去，我小心地考察了我是什麼。我看出來，我能夠假設我沒有身體，也沒有世界，也沒有我存在的處所，但是我不能因此假設我不存在……據此我知道，我是一個實體，其全部本質或本性只是思想，它為了存在，不需要地方，也不依賴於物質物。因此這個「我」，亦即我之所以為我的靈魂，與物體完全不同。……即使物體不存在，靈魂也不會失掉它本來的面貌[31]。

在這一段話裡有許多問題值得檢討。首先，我不能假定我不存在，這是確定的，一如上述。同時，我也可以假定我沒有身體，或世界不存在，這也是可以假定的。但是，能夠假定它們不存在，並不等於證明了它們不存在。既然身體和世界不一定不存在，因此我們不能結論說，我（靈魂）與物體（或身體）完全不同。說不定身體是我的本質的一部分。

其次，笛卡兒說，「我是一個實體，其全部本質或本性只是思想」，這個話顯然超越了前提，因而是不合法的。「我是實體」，這個話似

---

[31] HR, I, p. 101.

乎可以說；然而說我是「思想實體」，這個話就毫無保障了；說不定我的實體就是身體，如同我們已經說過的。至於說，我「只」是思想，不包括身體，這一點更不確定了。他的理由是，因為我能夠假設我沒有身體，所以事實上我沒有身體，這個理由是荒謬的。在「第四組反對意見」中，阿諾德已經指出：我能夠懷疑我有沒有身體，甚至我可以否認我有身體；但不能因此結論說，我不是身體㉜。理由很簡單：「我不知道我有沒有身體」和「我知道我沒有身體或不是身體」，這兩句話完全不同。

對於阿諾德這個反對意見，笛卡兒在《沉思集》序中就提出了答辯。他先敘述了反對者的意見說：

> 儘管人的心靈在自我反省時只知道自己是一個思考之物，而不是別的東西，並不能因此結論說，它的本性或本質只是一個思考之物，因為這個「只」字排除了其他一切可能也屬於靈魂之本性的東西㉝。

接下去笛卡兒答說：

> 在那兒，我之排除那些東西，不是按照事情之真理的次序（因為我尚未討論這一點），而是按照我的思想的次序；因此，我的意思是說，就我所知覺到的而言，除了我是一個思考之物以外，我不能清楚知道什麼東西屬於我的本質㉞。

㉜ HR, II, p. 80.

㉝ HR, I, p. 137.

笛卡兒這個理由也不成理由。他並未解決上述的困難。他只能說，既然我懷疑（我不知道）我有沒有身體，那麼我只知道我會思考，我也只知道我存在；換句話說，我只知道思想是我的一個基本屬性；但是他不能說，我是一個思想實體，更不能說，我「只」是一個思想實體。因為，說不定我是物質實體，說不定身體也是我的一個基本屬性。

再者，笛卡兒說，「我知道……它（自我之實體）為了存在，不需要地方，也不依賴於物質物」。現在，自我的存在是不是需要地方，這是不確定的。假定我只是思想實體或靈魂，那麼我的存在不需要地方；但是，如果自我是物質實體，或者身體是我的一個部分，則我的存在必然需要地方，這是很明顯的。其次，自我的存在是否依賴於物質物，這一點也不確定。不過，笛卡兒不只在《方法論》中提到這個意思，在《沉思集》第二篇裡也作了同樣的肯定。他說：

> 在此假定之下（按：物質世界不存在），我發現我只能確知一項事實，就是我是某物。但是，或許我假定不存在的那些東西（因為我不認識它們）事實上無異於我所認識的這個我。這一點我不知道，現在我不去爭論它，我只能判斷我知道的東西。我知道我存在，我探討我所認識的這個存在的我是什麼。然而非常確定地，關於我的存在的知識，就其特定的意義而言，並不依賴於我尚不知道其存在的那些東西，因此它不依賴於我幻想的那些東西㉟。

㉞ HR, I, pp. 137–138.

㉟ HR, I, p. 152.

最後一句中的「它」即指我的實體或本質。「不依賴於我幻想的那些東西」，即是不依賴於物質物。既然「或許我假定不存在的那些東西（因為我不認識它們）事實上無異於我所認識的這個我，這一點我不知道」，那麼我只能結論說，「我不知道這個我是否依賴於那些東西」，而不能結論說，「我能判斷……這個我不依賴於那些東西」。這個判斷顯然違反了邏輯。柯丁漢已經指出㊱，我們的思想不見得是完全獨立的，說不定有些物質屬性（譬如腦子）是必需的，說不定思考是一種物理過程，許多二十世紀的哲學家已經指出這一點。

此外，笛卡兒曾經辯論說，如果切掉一隻手或一隻腳，並不影響我們的思考。然而柯丁漢反駁說，切掉一隻手或一隻腳固然不致影響心靈的活動，但是，如果切掉一部分腦子，情形可能就不同了㊲。接下去，柯丁漢又指出，根據一些物理現象或生理現象，神經中樞受到損害時，思想會受影響（如健忘症、老年痴呆症、因腦受傷而引起的昏迷等等）。因此我們可以結論說，如果神經中樞系統全部毀掉，則我們的思考活動亦會全部消失㊳。柯丁漢提到的這些情況，不知道笛卡兒如何辯護。無論如何，若謂思考不依賴於物質物或身體，則這個判斷是不妥當的。

再者，笛卡兒說，「我的存在不需要處所」，這個結論也不確定。他應該說，「既然我能夠假設沒有處所，因此我不知道我的存在是否需要處所」，而不可以斷定「我的存在不需要處所」。後者預設了我只是思想實體。

㊱ 柯丁漢，p. 115.

㊲ 柯丁漢，p. 116.

㊳ 柯丁漢，p. 117.

笛卡兒還說,「即使物體(身體)不存在,靈魂也不會失掉它本來的面貌」。根據我們上面的討論,自我是不是思想實體或靈魂,並不確定;心靈的活動是否依賴於身體,也不確定。因此,如果自我不是思想實體,而是物質實體,如果心靈的活動依賴於腦子或神經中樞系統,那麼當身體不存在時,靈魂可能消失,至少不可能保持它本來的面貌。

我們不否認,自我的實體可能是靈魂;我們也不否認,當身體毀壞時靈魂可能獨立存在,甚至不死。然而笛卡兒的論證並不能證明事實上就是如此,可能與事實之間尚有一段很長的距離。

笛卡兒的第二個論證取自清晰的觀念。這個論證主要見於《沉思集》第六篇。他說:

> 我知道,凡是我清晰而分明地認識的東西,上帝都能創造它們(如同我所認識的那樣)。因此,只要我能夠清晰而分明地知道了一物與另一物不同,就足以確定地說一物與另一物相異(按:即兩者的區分是實在的),因為,至少萬能的上帝能夠使它們分別存在。……所以就因為我確知我存在,同時,除了我是一思考之物以外,我沒有理會任何別的東西必然地屬於我的本性或本質,於是我正確地結論說,我的本質僅僅在於我是一思考之物(或一實體,其全部本質或本性是思考)這一事實[39]。

雖然他肯定,自我僅僅是一思考之物或一思想實體,但是他並不否

[39] HR, I, p. 190.

認我們具有身體。不過他強調靈魂與身體彼此完全不同，甚至能夠分別存在：

> 雖然我可能（或者一定，如同我馬上要說的）擁有身體，並且我非常緊密地跟它結合在一起，然而因為一方面我具有自我之清晰的觀念，就是，我只是一個有思想而無延積之物，另一方面我具有物體之分明的觀念，就是，它只是一個有延積而無思想之物，因此我確知，這個我（就是說，我之所以為我的靈魂）與我的身體完全不同，絕對不同，並且（即使）沒有身體我也能夠存在㊵。

在這個論證中，笛卡兒有一個預設，就是觀念界與實在界是平行的，觀念界的區分等於實在界的區分，他的論證即是以這個預設為根據。他說，凡是我清晰地認識的東西，上帝能夠使它們分別存在。我清晰地看出來靈魂與身體不同，所以上帝能夠使它們分別存在，所以它們的區分是實在的。對於這個論證，我們要提出下面的分析：

1. 這個論證只能證明靈魂與身體在「概念」中有區別。但是在概念中有區別的東西，在「實在」界不一定能夠分別存在。區別 (difference) 與分開 (separation) 是兩個不同的概念。換句話說，思想界與實在界不一定是平行的。現在，雖然心靈與物體在概念中有區別，但不能因此說它們在實在界能夠分別存在。因為，在實在界，說不定心靈不是實體，說不定心靈的活動只是物理過程，說不定心靈的活動必須依賴腦子，如同我們前面所指出者。

㊵ 同上。

2.上帝能夠使心靈與身體分別存在，並不等於「事實上」上帝是如此創造了它們。可能如此不等於事實如此。反過來倒是可以的，從事實可以結論到可能 (ab esse ad posse valet illatio)，然而從可能不能結論到事實。上帝能夠使物質思考，如同使物質物有生命那樣，然而事實上是否如此呢？我們不敢說。太空中可能有人類，但是我們不能說，所以事實上太空中有人類。然而笛卡兒的意思是說，既然上帝能夠使它們分別存在，所以事實上它們完全不同，絕對不同，並且當身體毀滅時，靈魂獨立存在，而不必依賴於物質物。這個結論顯然超越了前提，因而是沒有保障的。

3.在上面引出的文字中笛卡兒又說，因為「我沒有理會任何別的東西必然地屬於我的本性或本質，於是我正確地結論說，我的本質僅僅在於我是一思考之物（或一實體，其全部本質或本性是思考）這一事實」。上面我們遇到過類似的推論方式。這即是，因為我沒有理會別的東西屬於我的本質，所以沒有別的東西屬於我的本質（我僅僅是一思考之物，我的全部本質只是思想）。我們的批評也是一樣，從「我沒有理會別的東西屬於我的本質」，你只能結論說「所以我不知道有沒有別的東西屬於我的本質」，而不能說「我正確地結論說云云」，他的結論違反了邏輯。

在「第四組反對意見」中，阿諾德曾經提出了類似的困難，就是，從「我不知道有沒有別的東西屬於我的本質」，不可以結論說「我知道沒有別的東西屬於我的本質」。在那兒，笛卡兒的回答只是重複以前說過的話，而沒有任何新意。他說：

> 我已知道，除了我是一思考之物之外，沒有東西屬於我的本

> 質（亦即：單單屬於心靈的本質），因此我結論說，「實際上」沒有別的東西屬於我的本質（我在那兒證明了上帝存在，以及凡是我清晰而分明地知道是可能的東西，祂都能夠做得到）❹❶。

這兒所說的「我在那兒證明了上帝存在云云」，應該是指《沉思集》第六篇，如同我們上面所引的。但是，在這一段裡，「我已知道云云」，乃是以前所沒有的，因為在上述第六篇裡，他只說，「我沒有理會云云」。所以在這一段裡他已經預設他確定知道了沒有別的東西屬於自我的本質。但是，他是如何「知道」的呢？因為，根據我們的分析，他提出的理由違反了邏輯，因而並不能證明沒有別的東西屬於自我的本質。所以這兒的「我已知道」只是主觀的認定，而沒有客觀的證明。

在回答阿諾德的反對意見那一段裡，笛卡兒接下去說：

> 雖然在我身上還有許多別的東西，然而對於它們我沒有知識。不過，既然我知道的東西足以使我憑著它而存在（把它當作我唯一擁有的東西），因此我確知，上帝能夠如此創造了我而沒有使我擁有我所不知道的那些屬性。因此我斷定，那些額外的屬性不屬於心靈的本質❹❷。

這兒「我知道的東西」是指思考。「足以使我憑著它而存在」，此語

❹❶ HR, II, p. 96.

❹❷ HR, II, p. 97.

不確定，因為思考可能只是物理過程或生理現象，一如上述。「把它當作我唯一擁有的東西」，此語同樣不確定，因為說不定我不知道的那些東西正是心靈的本質，或本質的一部分。「上帝能夠如此創造了我」並不等於事實上上帝是如此創造了我，而沒有使我擁有我所不知道的那些屬性。「因此我斷定，那些額外的屬性不屬於心靈的本質」，這個結論顯然不妥。他只能說，「因此我斷定，那些額外的屬性『可能』不屬於心靈的本質，因為我對它們沒有知識。」

上面笛卡兒還說過，「我具有自我之清晰的觀念云云」。其實，阿諾德已經指出，你認為你對靈魂和物體有清晰的觀念，其實，你的觀念可能不完整㊸。意思大概是說，也許心靈只是自我的一部分，它的思考活動必須通過身體（譬如腦子）；因此，當我們考察心靈時，必然涉及身體，否則的話，我們對心靈的觀念即不完整。笛卡兒的回答是，「為能認識一物之本質，不需要完全的知識㊹。」理由是，對於任何東西我們都沒有完全的知識。如果需要對一物具有完全的知識，然後才認識它的本質，則我們不可能認識任何東西的本質了，只有上帝完全認識事物。

笛卡兒的回答似乎不能令人滿意。因為，所謂「本質」是指一物之基本性質。而一物之基本性質可能不只一項，也許包括若干項。如果我們只認識了其中一項，則不能說我們認識了一物之全部本質。當然，對於事物我們往往沒有完全的知識（譬如一個人到底有什麼才能，有多少智慧，有什麼性向，等等），然而，除非我們掌握了一物之各項基本性質，則不能說認識它的本質。所以，「為能認識一物

㊸ HR, II, p. 82.

㊹ HR, II, p. 97.

之本質，不需要完全的知識」，這個話應該分開說。如果是說，對於一物之附性（次要性質）不需要完全的知識，這個話可以說。如果是說，對於一物之基本性質不需要完全的知識，則這個話是錯誤的。現在，「思考」可能是自我的一項基本性質，而非自我之全部基本性質。笛卡兒單單以「思考」界定自我的本質，這個觀念很可能不完整。

關於心靈與物體之區分的第三個論證取自心靈之不可分性。笛卡兒說：

> 在心靈與物體之間有一個很大的差別，就是，物體的本性常是可分的，而心靈則是完全不可分的。因為當我考察心靈或自我時（就我只是一個思考之物而言），自我不能區分為任何部分；我知道，我是單一的和完全的。雖然整個兒心靈似乎與整個身體結合在一起，但是我看出來，如果一隻腳或一隻手或身體的任何一部分被切掉時，心靈並不因此失掉什麼㊺。

關於心靈是不是可分的問題，我們提出下面的分析。首先，笛卡兒認定自我只是心靈，而不包括身體，並且認定心靈本身是實體，這些意見都不確定，一如上述。因此他又說，「我知道，我是單一的和完全的……如果一隻腳或一隻手或身體的任何一部分被切掉時，心靈並不因此失掉什麼」；關於這一點我們上面也提到過。笛卡兒的意思是，心靈的活動不依賴於身體，它是完全獨立的。然而根據科學，

㊺ AT, VII, p. 86.
HR, I, p. 196.

尤其醫學的發現，如果切掉一部分腦子，則心靈會失掉記憶或失掉思考能力。這樣的現象足以顯示，心靈的活動並不是完全獨立的。

關於心靈是不是可分的，柯里提出了下面的意見㊻。他指出，心靈本身包括理智、意志、想像與感覺。不過，那些可能只是心靈之不同的功能，而不是部分。呈現在意識中的「我」仍是一個。

但是，另一方面，心靈中有理智也有欲望（按：類似理學家的天理人欲），它們往往互相衝突。有時候欲望說，「我要再吃一塊蛋糕」，而理智說，「不可以，把蛋糕放回去」。那麼，這是否顯示心靈也有不同的部分呢？此外，休謨以後的經驗主義大都不承認自我的同一性。

總之，關於心靈與物體的區分，笛卡兒提出了上面三個論證（根據懷疑、根據清晰的觀念、根據心靈的不可分性），然而這些論證往往不符合邏輯的要求，因而顯得徒勞無功。因而對於我是什麼的整個兒問題，他的理論都顯得軟弱無力，甚至有點武斷。這一點，許多學者早已提了出來，絕非筆者個人的成見。足見他在討論這一項時，並不像他自己所說的那麼小心謹慎。如果說他的理論有可原諒之處，那就是，在他那個時代人們對邏輯的要求可能沒有那麼嚴格。處在今天，他可能提出更理想的論證；或者像胡塞爾一樣，把無法證明的問題「放入括弧，存而不論」，或者採取孔老夫子「知之為知之，不知為不知」的坦誠態度。

㊻ 柯里，pp. 117–118.

第五章　天生觀念

傳統哲學（以亞里斯多德為基礎的哲學）主張觀念（或概念）是事物在理智中的像 (species)，或事物的代表，而非事物本身；是認知的媒介，而不是認知的對象；拉丁文稱之為 medium quo 或 medium in quo。我們藉著觀念認識事物本身。觀念與認知行為是分不開的，但是兩者之間也有區別。認知行為只是主體的活動，觀念則指涉著客觀對象。此外，依照傳統哲學，觀念 (idea) 和概念 (concept) 是同義詞，都是指悟性藉抽象作用而形成的普遍表象。

觀念這個詞，在不同的學派裡有不同的意義。除了傳統哲學所使用的意義之外，柏拉圖 (Plato) 所說的觀念是指與可感之物分別存在的形式（或獨立存在，或存在於絕對善之內）。依照休謨，一切觀念都是感官印象的副本，因而都是具體的、特殊的。換言之，一切觀念都屬於感性層面，因而沒有普遍觀念。依照康德，觀念與概念是很不同的。概念生於悟性，是普遍的；觀念則是理性的產物，是由理性的不當使用而生的，因而不能提供我們真正的知識。笛卡兒的觀念論也是非常特殊的，本章就是要說明笛卡兒對於觀念的主張。當然，在這方面，笛卡兒的最大特色是他主張天生觀念說。

一、觀　念

在討論天生觀念之前，我們必須知道笛卡兒所說的「觀念」是什麼意思。笛卡兒的著作裡並未列出一章專門討論觀念。他只是在必要的時候自然而然地提到觀念——尤其是天生觀念——的問題。譬如他說：

> 一般而論，「觀念」一語是指一切被思考之物 (res cogitata)，因為它們在悟性中只有一種客觀的存在❶。

「被思考之物」即思想之對象，亦即知識之對象。「一切」被思考之物，即是說，觀念一語不單單指概念，譬如三角形、心靈、太陽，而且也指命題，譬如「三角形的內角之和等於二直角」❷。足見笛卡兒所說的「觀念」，含義甚廣，包括了數學一類的知識。這一點與傳統上所說的觀念或概念也是不同的。

他說，觀念在悟性中只有一種「客觀的存在」，這是什麼意思呢？客觀的存在即是「表象式的存在」，因為它代表對象。對象的另一種存在稱為「形式地存在」，這是一種更優越的存在。譬如，我們說太陽的觀念在悟性中有一種客觀的存在，就是說，它是太陽的代表，它代表「太陽本身」；同時，太陽又「形式地」，亦即以一種更具體的方式，存在於天空之中❸。

---

❶ AT, VI, p. 559.

❷ 柯丁漢，p. 146.

不過，依照笛卡兒，觀念雖是事物的代表，只有一種客觀的存在，然而觀念即是事物的本質，認識了觀念，即等於完全認識了事物。但是，如果他的意思是說，一切觀念皆代表事物的本質，則這句話不妥當，因為有些觀念只能代表事物的附性，也有些觀念模糊不清，不知道它到底代表什麼，譬如鬼的觀念、仙的觀念等等，此外，對於許多化合物或醫學上所講的東西，我們只有一些模糊的觀念，並不知道事物的本質是什麼。

觀念與思想 (thought) 是分不開的。有些時候，觀念指悟性之思考行為（主觀面），有時則指被思考之對象，譬如上帝❹。就其指對象而言，笛卡兒稱之為「形式」(form)。他說：

> 觀念一語是指思想之形式。我之所以能認識思想，就是由於我直接認識思想之形式❺。

「形式」二字的意義不夠清楚。大約是指思想之本質，諸如三角形，或「三角形的內角之和等於二直角」等等。不過，笛卡兒所謂的思想包羅甚廣，正如他所說的：

---

❸ AT, VII, p. 102;
HR, II, p. 9.
HR, I, 《哲學原理》XVII, p. 266.

❹ AT, VII, p. 8.
HR, I, p. 138.

❺ HR, II, p. 52.

> 思想一語是指一切存在於我們心內，為我們所直接意識到的東西。因此一切意志的、理智的、想像的和感官的活動，都是思想。但是我加上了「直接」二字，為的是排除那些隨著思想而來的東西。例如，有意的動作，雖然它附屬於思想，以思想為原因或原理，但它本身不是思想❻。

依照傳統的或一般的語言，思想是指理智的活動，亦即概念、判斷和推理。笛卡兒所說的思想則包括了意願、想像和感覺。當然，這樣的說法似乎太過分了。想像與感覺應該是屬於感性的層面，而不屬於悟性的層面。笛卡兒似乎沒有重視這個區分。

觀念是思想的形式。既然思想的意義如此廣泛，那麼觀念的意義也就跟著廣泛了。不過，觀念的意義可以從兩方面來看。一方面可能是說，想像的圖像、看的印象、聽的印象、冷熱的感覺、滋味的感覺等等，其本身即是觀念；另一方面也可能是說，我們有圖像之觀念、印象之觀念、冷熱和滋味之觀念。前一個意思似乎不妥，後一個意思則符合傳統。但是笛卡兒所說的觀念很可能是指前一個意思，因此他的觀念論似乎有些混淆不清。

總結以上所說，笛卡兒所謂的觀念似乎包括下列的意義：

1. 悟性的概念，如上帝、自我、三角形。
2. 悟性的行為。
3. 悟性的判斷，如三角形的內角之和等於二直角。
4. 想像的圖像。
5. 意志的意願。

---

❻ HR, II, p. 52.

6. 感覺，如冷熱、疼痛、快樂。

7. 情感，如愛、恨、恐懼❼。

根據以上的討論我們可以看出，笛卡兒的觀念論是獨樹一格的，既不同於傳統的意見，也不同於其他各家的意見。下面我們要討論他對於觀念之起源的意見。這一節進一步顯示出他的「與眾不同」。

二、觀念的起源

對於觀念的起源問題，笛卡兒有其獨特的意見。首先我們看一看他對觀念的分類。他說：

> 在我的觀念中，有些似乎是天生的，有些是求得的，有些是由我自己製造的❽。

另外，他在 1641 年寫給麥西諾的書信中也表示過同樣的意見。他說：

> 有些觀念是外來的 (adventitious)，譬如我們一般所擁有的太陽的觀念；有些是製造的 (factitious)，譬如天文學家靠著推理所形成的太陽的觀念，等等；有些則是天生的 (innate)，譬如上帝、心靈、物體、三角形，以及一般而言，一切表現真實

---

❼ AT, VII, p. 181.
HR, II, p. 68.

❽ AT, VII, p. 38.
HR, I, p. 160.

的、不變的、永恆的本質的觀念❾。

為什麼笛卡兒主張有天生的觀念呢？他的理由是：「我們的感官機能無法帶給我們類似觀念的東西。」的確，感官提供的印象都是具體的、特殊的，而觀念往往是普遍的。單單憑著感官的印象，不可能產生普遍的觀念。

在西洋哲學中，觀念的起源問題一直是個令人困惑的問題。感官的印象與普遍的觀念（尤其是超經驗的觀念），兩者之間存有極大的距離。感官提供的資料似乎不足以構成觀念或概念。另一方面，觀念的存在是一項明顯的事實。那麼觀念到底是如何發生的呢？為了解答這個問題，柏拉圖提出了回憶說❿，亞里斯多德提出了抽象說⓫，聖奧古斯丁提出了光照說⓬，笛卡兒提出了天生說，後來的

---

❾ AT, III, p. 303.

❿ 依照柏拉圖，人的靈魂下凡之前，生活在理型世界，認識了理型（觀念）。他與肉體結合之後，忘記了關於理型的知識。但是藉著感官經驗，他能夠把理型回憶起來，而構成普遍的知識。他認為這樣的知識是不可能生於感官的。感官的經驗只能提供機會。

⓫ 依照亞里斯多德，一切知識皆由感官開始。感官提供可感的印象。想像力根據可感的印象而形成心像 (phantasmata)。然後主動悟性 (intellectus agens) 根據心像而形成可悟的印象 (species intelligibilis impressa)。然後，被動的悟性 (intellectus patiens) 再將可悟的印象轉變為可悟的表象 (species intelligibilis expressa)。這即是普遍概念或觀念。所以觀念或概念乃是悟性根據感官提供的材料而形成的。其過程稱為「抽象」(abstraction)。

⓬ 依照聖奧古斯丁，感官提供的材料不足以構成普遍概念或知識。但是，當我們獲得了可感的印象之後，再加上上帝賦與我們的光照

康德又提出了先天說⓭。這些哲學家的努力都是要解決普遍知識的問題。

話說回來，既然感官的機能無法提供我們類似觀念的東西，那麼感官對於我們的觀念有什麼貢獻呢? 笛卡兒說，「觀念是在感官所提供的機會上發生在我們心中的⓮。」這即是說，感官的功能只是提供機會。有了這些機會，我們心裡就自然而然地生出與那機會相應的觀念。不用說，這樣的巧合顯然是出自上帝的安排。為這個原故，柯丁漢明白地註解笛卡兒說：

> 上帝規定，當一個外在的刺激作用於我時（譬如陽光照射我時），我心裡即有某個觀念（譬如太陽的觀念）發生起來⓯。

據此可知，所謂「外來的」觀念，實際上也是天生的。因為外在的情境只是提供機會。譬如熱之觀念來自火，但這並不是說熱之觀念是經由感覺經驗而求得的。而是說，火提供一個機會，同時在我們心裡生出熱的觀念，熱的觀念是天生的。

(illuminatio) 即可產生普遍的概念與知識。所以普遍的概念與知識不能單單生於感官的材料，而必須依賴上帝的光照。

⓭ 依照康德，感性提供直觀，悟性提供範疇。悟性，通過想像力的圖式，將直觀納入範疇，而形成普遍概念與知識。知識的普遍性出自範疇，而非出自直觀。這樣的知識稱為先天知識。理性提供理念 (ideas)。但是理念不是真正的知識，因為理性的活動往往超越了經驗的限度。因此理性的理念只能是幻象 (illusions)。

⓮ AT, III, p. 417 (Letter to The Rev. Father Mersenne).

⓯ 柯丁漢，p. 147.

那麼，天生的觀念與外來的觀念到底有什麼不同呢？有些觀念不需要感覺經驗提供機會，直接在心裡發生，這樣的觀念稱為天生的，譬如上帝的觀念、自我的觀念、靈魂的觀念等等。有些觀念需要外在經驗提供機會，有了這個機會，才發生某個觀念，這樣的觀念稱為外來的，譬如熱的觀念、牛的觀念、汽車的觀念。

但是笛卡兒所謂「天生的」是什麼意思呢？依照笛卡兒的描述，「天生的」可能有兩個意思。一個是，觀念存在於心中，如同存在於倉庫中，需要時就取出來使用。笛卡兒在講論上帝之觀念時，就採用了這個比喻。他說：

> 我不一定思考上帝。但是當我決定思考第一和至高無上的實有，並且從我心靈的倉庫裡把上帝的觀念取出來的時候，我就必須把一切美善歸之於祂⑯。

就此意義言，觀念是現成的，已經存在於心中，我可以使用它們，也可放在那兒不使用它們。

「天生的」另一個意思是指形成觀念的能力。笛卡兒說：

> 上帝之觀念已印刻在人類心中，因此沒有一個人不具有認識祂的能力。然而這並不阻止許多人終其一生也不能使這個觀念呈現在自己面前⑰。

---

⑯ AT, VII, p. 67.

⑰ AT, IV, p. 187.

他在另外一處也說：

> 每一個人心中至少擁有關於上帝之暗含的觀念，亦即明白認識它的能力，這一點，我毫不疑惑。但是如果他們感覺不出自己擁有它，或者不理會自己擁有它，或者把我的《沉思集》閱讀了千百遍還是不理會它，我也不會感到吃驚⑱。

以上兩段都指出，天生觀念的一個意思是指形成觀念的能力。雖然有人不理會自己擁有這個能力，這並不能證明他們不擁有它。關於這一點，肯尼也是如此理解的。他說：「天生觀念的意思是這樣的：無論 X 是什麼東西，X 之觀念是天生的，這即是說，思考 X 或經驗 X 的能力是天生的，而不是由外在的刺激提供我們的（它只提供一個機會，使我們思考或經驗 X）⑲。」肯尼進一步指出，關於天生觀念的那種「潛能」狀態，笛卡兒沒有分別清楚，或者根本沒有理解。知識的潛能狀態有二：一是完全無知，一是有了知識而現在沒有使用，譬如：一個人完全不會說法文，以及一個人會說法文而現在沒有使用。這兩種情形都屬於潛能狀態。笛卡兒所說的天生觀念到底是哪一種呢？他沒有說明⑳。

既然觀念是天生的，而不是由經驗學來的，則我們必須結論說，初生的嬰兒已經擁有這些觀念。但是經驗告訴我們，初生的嬰兒似

---

⑱ AT, III, p. 430 (Letter to Hyperaspistes).

⑲ Anthony Kenny, *Descartes: A Study of His Philosophy*, New York: Random House, 1968, pp. 104–105.

⑳ 同上，p. 103.

乎沒有任何觀念，必須等他們長大以後才漸漸有了觀念。這個現象似乎與天生觀念說不合。對於這個問題，笛卡兒提出了下面的說明：

> 我們可以這樣想，而且似乎很合理，就是，剛剛與嬰兒的肉體結合在一起的心靈，忙於知覺或感覺痛苦、快樂、冷熱的觀念，以及其他類似的觀念，並且完全被它們所佔據；這些觀念都是由於它與肉體結合而發生的。雖然如此，他在心裡仍舊擁有上帝、自我，以及一切自明真理的觀念，正像成年人擁有那些觀念而不去注意它們的時候那樣。他並非在長大之後求得了這些觀念㉑。

這兒指出，嬰兒的心靈，如同成年人的一樣，已經擁有上帝、自我，以及一切自明真理的觀念，然而由於他們忙於感覺痛苦、快樂、冷熱等其他觀念，因此來不及注意上帝、自我等這些觀念。這些觀念已經在某種方式下存在於他們心中。另外，他稱痛苦、快樂、冷熱為觀念，且謂嬰兒可以「感覺」這些觀念。那麼很顯然地，這兒所謂的「觀念」不是指痛苦之「概念」，或快樂之「概念」，因為概念是不能被感覺的；而是指痛苦本身，或快樂本身，亦即感覺本身。這兒我們再一次看到，笛卡兒所謂的觀念，其意義是非常廣泛的，與傳統所說的觀念截然不同。

既然一個人初生時就具備了一切觀念，則必須結論說，就觀念而言，人類不需要學習。人類所需要學習的只有語言、文字、技術等等。例如，兒童已經有了上帝的觀念，但是為了能夠表達上帝的

㉑ AT, III, p. 424.

觀念，他必須學習「上帝」這個語詞和文字；又如我已經具有溜冰的觀念，但是若要溜得好，我必須學習。

根據上面所說，可知笛卡兒所謂「天生的」，可以有兩個意思。一是指已經完成的觀念，排列在心靈中，如同儲存在倉庫裡那樣，需要時即可取出來使用；一是指形成觀念的能力，意思是，我們並沒有現成的觀念；不過，在需要某個觀念時，我們能夠「形成」那個觀念，甚至不需要感官提供資料。就此意義言，這兒所謂「天生的」很類似後來康德所謂「先天的」(a priori) 或「先驗的」(transcendental)。

但是，對於天生觀念的問題，笛卡兒有時顯得猶疑不決。他在那篇自我辯護的文章中，有下面一段話：

> 我從未寫過，亦從未想過，心靈需要天生的觀念，亦即需要不同於思考能力的東西㉒。

其實笛卡兒確實寫過，心靈具有天生的觀念，諸如上帝、自我、靈魂，以及一切自明的真理，像第一原理等等。所以「我從未寫過」這個話，完全不可理解。

接下去他又用比喻描述了「天生的」意思。他說所謂天生的觀念，就如同說：

> 慷慨在某些家庭裡是天生的。或者在別的家庭裡，某些疾病，

㉒ AT, VIII, p. 357.
HR, I, p. 442.

> 譬如痛風、結石，是天生的。而不是說這些家庭的嬰兒在母胎裡就有了這些疾病（說那是天生的），只是因為他們出生時就擁有感染這些疾病的傾向或能力㉓。

這一段話似乎否定了他在別的地方所說過的許多話。因為依照這兒所說，我們只是「可能」具有某些觀念，而實際上我們並不擁有任何觀念，這是前後矛盾的。

檢討：首先，如果「天生觀念」是指已經完成的觀念，它們隱藏在心中，如同儲存在倉庫裡的東西那樣，那麼它的可信度並不很大，因為這個理論不符合我們的經驗。我們求得觀念的歷程往往非常辛苦，絕不像是從倉庫裡取出來那麼簡單。另外，對於同一物或同一事我們往往具有不同的觀念，例如許多人具有上帝的觀念，然而有人以為上帝是獨立存在的，有人（斯賓諾沙）則以為上帝與宇宙同一，沒有獨立的存在；在佛家的思想系統裡似乎沒有上帝的觀念，也不需要上帝的觀念。如果說觀念是天生的，則我們無法理解，為什麼對於同一物大家有不同的觀念。所以如果天生觀念是指已經完成的觀念，那似乎說不通，至少無法證明。

如果天生觀念是指形成觀念的能力，這個思想似乎比較合理。事實上許多其他哲學家也都具有這樣的意見。不過，依照笛卡兒，在沒有經驗材料的情況下，我們也能夠形成觀念，譬如上帝、自我，以及自明真理的觀念，這樣的說法似乎也不符合人類的經驗。因為依照我們的經驗，觀念的發生首先要通過感官，有了感官提供的材料之後，我們才能形成觀念或概念。所以就這另一層意思言，笛卡

㉓ 同上。

兒的天生觀念說也是不妥當的。

對於「外來的觀念」，笛卡兒認為，感官只是提供機會。有了這個機會，就會發生相應的觀念（依照上帝的規定）。這個學說，歷史家稱它為「機會說」(occasionalism)，這個學說顯然過分依賴上帝。彷彿感官對觀念的發生沒有實在的貢獻，彷彿感官與理智之間沒有自然的合作關係。笛卡兒之所以會建立這樣的機會說，可能是由於他太過強調「分」的原故。由於他強調分，因而靈魂與肉體成為兩種完全不同的東西，它們的結合只是偶然的，而不能形成一個自然的統一體。因此理智的觀念之發生需要外力——上帝——的介入。這樣的理論流於怪誕，而不夠自然。

三、觀念之特性

依照笛卡兒，觀念具有種種特性。其中兩種最為重要。一種是真與假，一種是清晰分明與不清晰不分明。

指涉事實或事物的觀念稱為真觀念，譬如上帝的觀念、自我的觀念、牛的觀念、馬的觀念等等。所謂假的觀念又有兩種情形，一是否定的，一是錯誤的。例如，不動、黑暗、虛無，都是否定觀念，因為不動表示動的否定，黑暗是光明的否定，虛無是有的否定。嚴格地說，這些觀念只能說是否定的，不能說是假的㉔。

另一種觀念是錯誤的，稱為實質上的錯誤觀念 (materially false)。例如，許多人認為「顏色」，譬如白的，是一種性質，或者「冷」

㉔ AT, VII, p. 45.
HR, I, p. 166.

是一種實在的東西，這都是錯誤的，因為顏色是主觀的感覺，不是事物的性質；冷是熱的缺乏，不是實在的東西㉕。

不過，笛卡兒指出，從另外一個角度來看，觀念本身是沒有真假的，因為每一個觀念都指涉某種意義，因而都是觀念。例如美人魚的觀念、外星人的觀念、鬼怪的觀念，它們都表示一些意義，因而都是觀念。所以真正說來，只有判斷才有真假。如果我說，「海洋中有美人魚」或者「太空中有外星人」等等，這些判斷才有真假㉖。

笛卡兒這個觀點並不新鮮。聖多瑪斯早已指出，真假只存在於判斷中，不存在於觀念中。如果一個人對於他的觀念不加以肯定或否定，亦即不作判斷，則沒有真假可言。後來休謨及康德皆有同樣的意見。聖多瑪斯代表實在論，休謨代表經驗論，康德代表理性主義。這些不同派別的思想家在這一點上具有相同的意見，足見這個理論是有價值的。肯尼對於笛卡兒的這個理論提出了一些枝節的批評㉗。從他的批評中可以看出，他似乎沒有掌握笛卡兒的基本論點，這即是，真假只存在於判斷中，不存在於觀念中。

觀念的另一種特性是清晰分明和不清晰不分明。清晰性與分明性 (clarity and distinctness) 這兩個概念在一般的語言中似乎沒有太大的區別，清晰含蘊分明，分明亦含蘊清晰。不過在笛卡兒的用語中，它們彼此稍有不同。清晰的是指一物明顯地呈現於心靈面前，無所隱藏，如同一個對象呈現出來，強而有力地作用於我們的眼睛，

㉕ AT, V, p. 152.

㉖ AT, VII, p. 37.
HR, I, p. 159.

㉗ Kenny, op. cit., p. 117.

並且我們的眼睛在適當的狀況下去觀察它那樣㉘。因為在此情況下，我們就說，我們清晰地看見了它。例如，當我思考時，我的存在清晰地呈現於我的意識面前，我明顯地看出來，我的存在是一項事實。

分明的是指呈現出來的對象不同於其他任何對象，亦即其內容不含有絲毫不清晰之處。例如，$3 \neq 2$，3 這個數既是清晰的也是分明的。但是，如果我感覺到身體上有劇痛，則此劇痛是清晰的，而不是分明的，因為我往往不知道是什麼地方痛，或者為什麼痛㉙。

對於清晰分明的觀念，我們不會犯錯。例如，$2 + 2 = 3 + 1$，這個觀念是清晰分明的，我們不會犯錯。但是對於不清晰不分明的觀念，我們的判斷往往犯錯。例如，對於宇宙的開始，我們沒有清晰分明的觀念，因此我們容易犯錯。有人說，宇宙有一個開始，也有人說，宇宙沒有開始，它是永恆的。這些人的判斷都不妥當。所以為了避免犯錯，我們必須小心謹慎，把觀念研究得清晰而分明。如果我們的觀念不夠清晰，則可不下判斷，或者加上「可能」、「大約」等等的語詞，表示我們的判斷只是或然的。

但是這兒有一個困難。就是，有的觀念在主觀方面是清晰的，在客觀方面卻不是清晰的，在這樣的情況下，我們最容易犯錯了。例如在哥白尼之前，大家都以為地球是靜的、太陽是動的，並且大家都以為這些觀念很清晰，其實那些觀念在客觀方面並不清晰。太陽和地球的體積甚大，它們之間的距離甚遠，其動其靜，我們根本不易掌握。另外，許多患有宗教狂或主義狂者，他們自以為清晰地

㉘ AT, VII, p. 22.

HR, I, p. 237.

㉙ 同上。

看出，只有他們的宗教或主義是真的，其他宗教或其他主義都是假的或錯誤的。因此，一個觀念在什麼情況下算是清晰分明的，在什麼情況下不是清晰分明的，笛卡兒說得不夠清楚，有待進一步的探討。

第六章　上帝存在

我們在上面第一章裡已經提到，笛卡兒在法萊士公學接受的教育是經院學派的教育，並且他本人也是一位相當認真的天主教徒。當時教會的勢力亦非常強大，因而神學佔了極大的優勢。在這樣一個宗教傳統之下，笛卡兒之熱衷於討論上帝的問題，簡直是再自然不過了。同時，從西洋哲學史上我們看到，幾乎所有西方哲學家都涉及了上帝的問題，儘管他們使用的語詞是不同的。這個現象不僅是自然的，亦是必然的。因為哲學的主要任務是求根，而上帝即是天地萬物之根，所以除非討論到上帝，則不能達到哲學的目標。

不過，在笛卡兒的哲學系統中，上帝不僅是宇宙之根，而且是人類知識的基礎。除非先認識上帝，則不可能認識宇宙（甚至，他似乎主張：不能獲得任何確定的知識）。所以認識上帝的存在和屬性是絕對必需的。在《哲學原理》中他就表明了這個意思。

他說，當我們的心靈認識了自我的存在之後，對於別的事物我們仍舊保持懷疑的態度。但是我們試圖獲得進一步的知識，而不能以關於自我的知識為滿足。於是我們發現了一些普遍觀念 (common ideas)，藉著這些觀念，我們能夠構成若干絕對真實的證明。譬如，我們具有數目和圖形的觀念、具有「等量加等量其和相等」這類的觀念。據此我們可以證明，「一個三角形的內角之和等於二直角」，等等，只要我們注意前提，我們就知道那些結論是真的。但是，由於我們不能常常注意前提，並且我們可以設想，心靈的本性是如此受造的，就是在最明顯的事物上也受了欺騙，因此我們清楚地看出來，我們有理由懷疑這些結論的真實性；並且知道，除非我們先認識了心靈的創造者，則我們不可能具有確定的知識❶。

笛卡兒的意思是，上帝是確定知識的保障，所以在進行其他研究之前，必先認識上帝。現在，他的這個命題是不是真的，以及他提出的理由是否正確，我們必須先弄清楚。

首先，在「第五組反對意見」中，加森蒂已經指出❷，依照笛卡兒，一切確定知識皆依賴於關於上帝之知識，這顯然是不妥當的。因為我們對於幾何學的知識，譬如，「一個三角形的內角之和等於二直角」，或者「圓形的半徑彼此相等」這類的知識，無論是在認識上帝之前，或是在認識上帝之後，都是確定的，甚至比任何證明上帝存在的論證還要確定。所以，「一切確定知識皆依賴於關於上帝之知識」這個話是錯誤的。

另外，在「第二組反對意見」中，也有人指出，依照笛卡兒，除非一個人先清晰地、分明地認識了上帝存在，則他不可能清晰地、分明地認識任何真理。果真如此，則笛卡兒在認識上帝存在之前，他無法知道祂是一個思想體，他也不能憑著其他知識（譬如因果原理、不矛盾原理、同一原理，以及其他邏輯法則）來證明上帝存在，因為關於上帝存在的證明必然預設了一些確定的知識❸。

❶ HR, I,《哲學原理》，XIII, p. 224.

❷ HR, II, pp. 188–189.

❸ HR, II, p. 26.

以上兩家提出的反對意見是強而有力的。這即是說，笛卡兒所說，一切確定知識皆依賴於關於上帝之知識，這個話是站不住腳的。

針對上述的反對意見，笛卡兒提出了兩個理由為自己辯護。第一個是，那些數學或幾何學的結論，當我們注意它們的前提（亦即論證過程）的時候，我們固然知道它們是真的，然而我們不能常常注意它們的前提，在這樣的時候，我們就不知道它們是不是真的了。

這個理由顯然不成理由，因為即使我們不注意前提的時候，我們也能絕對肯定「一個三角形的內角之和等於二直角」。另外，數學上許多「公式」，我們都確知它們是真的，這即是說，只要你將數字適當地代入公式，你就可以得到真的答案，然而我們不必常常注意建立那些公式的過程。

再者，許多科學家，尤其是數學家，他們深信數學的知識是絕對確定的，然而他們並沒有，也不必，考慮到上帝存在或不存在。

笛卡兒提出的另一個理由是，我們可以設想，我們的心靈（理性）是如此受造的，就是在最明顯的事物上，我們也受了欺騙。依此而論，在「等量加等量其和相等」，或者「三角形的內角之和等於二直角」，或「1 + 1 = 2」這類的觀念（命題）上，我們也可能受了欺騙。但是，假定這樣的理論是有效的，則我們可以說，「我存在」，或者「我是一思想體」，在這些命題上，儘管它們是「最明顯的」，我們也可能受了欺騙。而且，「清晰」與「分明」也不能作為真理的判準，因為，即使在最清晰、最分明的事物上，我們也能受欺騙。依照這個邏輯推下來，任何關於上帝存在的論證，儘管十分明顯，也是無效的，因為我們可能受了欺騙。他的理由顯然失於偏激而不合中庸之道。

關於上帝的討論是合法的，也是合理的；然而不可以說，除非先認識了上帝，則不能有任何確定知識。

接下去笛卡兒提出了若干論證，證明上帝存在。在《沉思集》中，他先提出了後天論證（第三沉思），然後才提出先天論證（亦稱本體論證，第五沉思）。後天論證又分兩個，一個是從「擁有上帝之觀念」證明上帝存在，另一個是從「擁有上帝之觀念的我的存在」證明上帝存在。但是在《哲學原理》中，他將論證的次序倒轉了過來：先提出本體論證，然後才提出後天論證。而且在後天論證中，除了上面兩個之外，又明顯地提到另外一個，就是從「保存我的存在的觀點」證明上帝存在。因此關於上帝存在的論證，總計有四個。

我們計劃依照《哲學原理》的次序研究笛卡兒提出的論證。因為《沉思集》出版於 1641 年，而《哲學原理》出版於 1644 年，比《沉思集》晚了三年。在那三年中，他經歷了許多論辯，許多反思，這無疑地使得他的思想更加成熟。現在我們就依照這兒的順序討論關於上帝存在的論證。

一、先天論證❹

所謂先天論證，即是傳統上所稱的「本體論證」(the ontological argument)。這個論證最初是由聖安瑟謨 (St. Anselm) 首先提出的❺。因為這個論證不依賴經驗，所以自從康德以來，人們往往稱之為先

---

❹ 傳統上稱為「本體論證」(the ontological argument)。自康德以來，往往稱為「先天論證」，與後天論證相對，比較容易理解。

❺ 見其所著 *Proslogium*。

天論證，亦即不依賴經驗的論證。它是由分析概念而證出上帝存在的。笛卡兒提出的先天論證，與聖安瑟謨的大致相同，不過，他們兩家所使用的主要概念稍有不同。若將他們的論證比較一下，或有助於我們對先天論證的了解。聖安瑟謨的論證可以簡化如下：

人人擁有上帝的觀念。

上帝的觀念代表一最大之物 (the greatest being)。

最大之物必然包含存在，否則的話，它即不是最大的。

所以上帝存在。

這個論證是由分析「最偉大之物」的觀念來證明上帝存在。它的證明力量有多大，我們姑且不論。我們只要指出，這兒聖安瑟謨使用了「最大之物」這個語詞。然而這個語詞容易引起誤會。當時就有一位叫加尼洛 (Gaunilo) 的，提出了一項反駁。他說，我可以設想一個最大的島，這個島必然包含存在，否則的話，它即不是最大的了。這樣的反駁顯然是出於誤會，因為安瑟謨所說「最大的」絕非指「量」而言。

笛卡兒重新使用了這個論證。不過，他不使用「最大的」這個語詞，而是使用了「絕對完美之物」這個詞，下面是他的先天論證。

我們的心靈發現了許多不同的觀念，其中一個代表一全知的、全能的、絕對完美的存在之物；這個觀念是最重要的，我看出來，在它之內，不僅有一種可能的、偶然的存在（像我在其他事物的觀念中所清楚看到的那樣)，而且有一種絕對必然的、永恆的存在。正如我看到，三角形的觀念中必然含有三內角之和等於二直角的情形，因此我絕對相信，在一個三角形內，三內角之和等於二直角，同樣，由於我看到必然的、永恆的存在蘊含在絕對完美之物的觀念中，因此我清楚地結論說，此絕對完美之物（上帝）是存在的❻。

以上是笛卡兒先天論證的大意。對於這個論證，早已有人提出了批評，諸如聖多瑪斯（針對聖安瑟謨所提出的，對笛卡兒的論證亦有效），康德、加森蒂、霍布士等等，我們現在將各家的論證加以綜合，提出下列幾點。

首先，笛卡兒說，我們有一物之觀念，它代表全知的、全能的、絕對完美的存在之物。現在，全知、全能、絕對完美，這都是我們藉著想像力而製作的一些空洞的語詞而已，它們的積極意義我們根本不能理解。我們能夠理解，有些存在之物的知識勝過我的知識，有些存在之物的能力勝過我的能力，有些存在之物比我完美；但是我們不能理解什麼是全知、全能、絕對完美。笛卡兒在另外的上下文中一再說過，上帝的美善是無限的。對於無限的美善，我們更明顯地無法理解。因為，我們的理智是有限的。有限的理智能夠了解無限之物，這根本是矛盾的。

另外，信仰太陽神教的人，相信太陽具有無限的能力，它能創造生命，能夠主宰人類的命運。信仰圖騰的人，相信某些動物（譬如蛇、牛）具有超人的能力，他們的概念都是虛構的，沒有科學的基礎。現在，全知、全能、絕對完美，這些觀念也同樣是虛構的。我們只會重複那些語詞，而不了解它們的意義。假定它們是有意義的，那只能屬於信仰的範圍，而不屬於哲學的領域。當然，笛卡兒

❻ AT, VI,《方法論》, p. 36.
AT, VII,《沉思集》, p. 64.
HR, I,《哲學原理》, XIV, pp. 224–225.
HR, I, p. 104, p. 180.

堅持，他具有絕對完美之物的觀念，其實他的觀念十之八九是由宗教信仰中得來的。他的天生觀念說根本無法證明，一如我們在上一章裡所指出者。

假定我們具有絕對完美之物的觀念，則我們就會面對下面的論證形式：

我具有絕對完美之物的觀念。

絕對完美之物的觀念中必然包含存在。否則的話，它即不是絕對完美的了。

所以絕對完美之物存在。

絕對完美之物即是上帝。

所以上帝存在。

我們上面已經指出，絕對完美之物的觀念是虛構的，不可能有積極的意義。現在我們姑且退一步，假定我們具有絕對完美之物的觀念，那麼它是否必然地包含存在呢？

許多哲學家已經指出，存在不是性質，觀念中只包括事物的性質，不包括事物的存在。例如，一百元的觀念只包括一百元的特性，存在的一百元對於一百元的觀念無所增加。同樣，三角形的觀念只包括三角形的特性，不包括它的存在。我們可以研究三角形的特性，但不能因此知道它是否存在，若要知道三角形是否存在，必須靠經驗，不能靠觀念。觀念只告訴我們某物是什麼，不能告訴我們它是否存在。

當然，笛卡兒認為，存在是一種性質。另外也有人抱持這樣的意見。譬如，我們可以說，「張三是存在的」，在這句話中，「存在的」是謂詞 (predicate)。然而謂詞表示主體（張三）的性質，所以存在是一種性質。

但是語言的形式不見得與事實完全相符。事實上，性質是描述主體是怎樣的，而存在則指出在實在界有沒有這個主體，而不管它具有什麼性質。因此，一個概念只包括一物的性質，絕不包括它的存在。

但是，依照笛卡兒，上帝是一個特殊的例子，因為祂的存在即是祂的本質；或者說，上帝的屬性與其存在是同一的。

不過，一如我們上面所說，對於上帝的本質，我們並沒有清晰的觀念。因此他的存在與本質是否同一，我們並不知道。只顧肯定它們的同一性，於事無補。

接下去，笛卡兒指出，三角形的某些特性是必然的。例如，一個三角形的內角之和等於二直角，三角形的觀念中必然包含這個特性，以及其他類似的特性。同樣，絕對完美之物的概念中必然包含存在。

現在，三角形的觀念中必然包含某些特性，這是真的。笛卡兒也承認，三角形不一定存在於實在界。但是他認為絕對完美之物的觀念中也同樣包含存在，這個類比似有疑問。首先，對於絕對完美之物我們根本沒有清晰的觀念，一如上述。因此它是否必然包含存在，我們一無所知。

其次，假定某人具有絕對完美之物的清晰觀念，並且假定存在是一種性質，那麼我們可以說，在思想的層面上，絕對完美之物的觀念必然包含存在的觀念，然而不可以說，它包含實在界的存在，因為這兩個命題是截然不同的。前一個命題屬於思想的層面，後一個命題屬於實際的層面。好比我可以思考三角形，或美人魚，或鬼神的存在，這個存在是屬於思想層面的，不是屬於實際層面的。若要證明它們具有實際的存在，那只有靠後天的論證。先天論證的主要弱點，就在於它混淆了思想中的存在與實在界的存在。聖多瑪斯和康德所提出的主要異議也就是這一點。我們也認為，這是先天論證所蘊涵的最大難題❼。

再者，笛卡兒說由於心靈看到，一個三角形的內角之和必然等於二直角，因此它絕對相信三角形具有這樣的特性；然後他想利用這個絕對確定的信念，證明上帝存在。但是，根據他以前說過的話，這有循環論證的嫌疑。因為他曾指出，在認識上帝之前，我們沒有絕對確定的知識，理由之一是，我們的心靈可以是如此受造的，以至於在「最明顯的」事物上，它也受了欺騙。據此而論，在關於三角形的知識上，我們也可能受了欺騙，因為我們還不認識上帝。因此不能利用我們對三角形的知識來證明上帝存在。他的論證是循環的。

此外，加森蒂從另外一個角度提出了反對的意見。他指出，笛卡兒以上帝之本質與存在之不可分，來比三角形之本質與其特性(內角之和等於二直角）之不可分，這種類比是不恰當的。因為他應該是以上帝之本質與其特性（如全能）之不可分，來比三角形之本質與其特性之不可分，或者，以上帝之本質與其存在之不可分，來比三角形之本質與其存在之不可分，這樣比才公平❽。

對於加森蒂的這個反駁，笛卡兒可以回答說，三角形，或宇宙間任何東西，其本質與存在都是可分的；它們的存在是偶然的，不

❼ HR, pp. 5–8.

❽ HR, II, pp. 185–186.

是必然的。而上帝是唯一的例外，祂的存在是必然的，祂的存在與祂的本質是同一的。

不過，我們仍可以反駁說，如果上帝的本質只是屬於思想界的，則其存在也是屬於思想界的（正如我們可以想鬼神是存在的），如果上帝的本質是屬於實在界的，則其存在也是屬於實在界的。其形式是這樣的：如果事實上有一個絕對完美之物，則其存在是必然的。然而事實上有沒有一個絕對完美之物呢？這乃是需要證明的。

根據上面的討論，我們不難看出，聖多瑪斯、加森蒂、康德，以及大半的哲學家，他們之不能接受先天論證，絕不是沒有理由的。

但是話說回來，既然這個論證蘊涵了這麼多的缺點，為什麼笛卡兒堅稱這個論證是有效的呢？依照我們的猜測，除了論證中明說的理由之外，還有一個暗含的理由。這即是，笛卡兒極其重視觀念和一般理性的知識。凡在觀念中是清晰的，必是真實的；凡在觀念中是真實的，在實在界也必是真實的。換句話說，他似乎具有一個暗含的預設：思想與實在是平行的。後來的斯賓諾沙、萊布尼茲 (Gottfried Wilhelm von Leibniz)、黑格爾 (Georg Wilhelm Friedrich Hegel)，都有這樣的預設。黑格爾甚至明白指出，「凡合理的就是實在的，凡實在的就是合理的」。這是理性主義的一大特徵。因此，對笛卡兒來說，既然在思想中絕對完美之物的觀念必然包括存在，那麼在實在界絕對完美之物必然存在。

當然，我們不必須接受他的預設，因而也不必須承認他的論證。因為他的預設是無法證實的、一廂情願的。理性的觀念或推論固然有其價值，然而必須有經驗作基礎。若沒有經驗作基礎，任何觀念或推論都是不可靠的。經驗分直接的與間接的，以及外在的與內在的。例如，我看見馬有四條腿，這是直接經驗。對於磁力，我們只有間接經驗：我們經驗到它的效果。外感官所知覺到的，稱為外在的經驗，內感官所知覺到或意識到的，稱為內在的經驗。例如，我渴了，我覺得悲傷，或者我自覺到我在思考上帝存在的問題，這都是內在的經驗。

顯然地，這兒我們所謂的經驗是廣義的；狹義的經驗只指外感官的知覺。經驗主義者所說的經驗，是狹義的，似乎不包括內心的思想，稱為 sense-experience（感官的經驗）。

現在，笛卡兒所說的觀念都是天生的，並非導源於經驗。他藉著分析絕對完美之物的觀念而證出上帝存在，也沒有經驗基礎。所以，依照我們的看法，他的先天論證註定是無效的。

二、從上帝之觀念的來源證明上帝存在

這個論證是根據內心的經驗，所以是後天的。我意識到我擁有上帝的觀念，這是內心的經驗。我意識到我擁有上帝的觀念之後，我進一步追求這個觀念的來源，在這方面的推論是有經驗基礎的。所以這個論證不同於上面的先天論證，因為那是由分析觀念的內容而引申出上帝存在的。嚴格地說，那不是證明，而是說明。笛卡兒提出的論證是這樣的：

> 由於我們發現我們心裡有上帝的觀念，亦即一最完美之物 (a supremely perfect being) 的觀念，因此我們能夠探究產生這個觀念的原因。當我們考慮到它所擁有的無限量的美善之後，

> 我們必須承認它是生於一個十全十美之物，亦即一個真實存在的上帝。因為，一方面，自然之光明白顯示出，空無不能作為任何東西的原因，並且較完美之物不能出於較不完美之物(它不能是那更完美之物的動力因和全部原因)，另一方面，如果在我們之內，或在我們之外，沒有一個原始之物，它包含了一切美善，則我們不可能具有任何事物的觀念。但是，無論在什麼方式下，我們沒有觀念所表示的那一切絕對美善，因此我們必須結論說，它們存在於跟我們的本性不同的本性之中，亦即存在於上帝之內。或者至少曾經存在於祂之內。據此可知，它們仍舊存在那兒，這是最明顯不過的了❾。

以上這段證明上帝存在的文字出自《哲學原理》。他在《方法論》和《沉思集》中也提出了同樣的論證。不過，我們之所以要根據《哲學原理》來討論這個論證，是因為《哲學原理》出版較晚，其思想應該更為成熟，因而也更具代表性。

這個論證可以明顯地分為三段：

1. 從「由於我們發現」至「真實存在的上帝」，這是論證的主要結構，肯定上帝的觀念必有原因，此原因必是上帝自身。

---

❾ AT, VI,《方法論》，p. 34.
AT, VII,《沉思集》，pp. 40–48.
AT, VII,《答難》，II, p. 167.
HR, I, p. 102, pp. 161–167.
HR, I,《哲學原理》，XVIII, p. 226.
HR, II, p. 57.

2.從「一方面」至「不可能具有任何事物的觀念」，這兒提出了兩項原理，並將這兩項原理應用於「原始之物」。

3.從「但是」至末，指出此原因不是我們自己，所以必須是上帝。

這個論證所蘊涵的許多觀念和命題都是值得檢討的。我們先將這些需要檢討的觀念和命題列舉出來，然後一一討論。

1.我們發現我們心理有上帝或最完美之物的觀念。

2.上帝的觀念擁有無限量的美善。

3.這個觀念必須有原因。

4.它必須生於真實存在的上帝。

5.因為空無不能是任何東西的原因。

6.較不完美之物不能是較完美之物的原因。

7.如果在我們之內，或在我們之外，沒有一個蘊涵一切美善的原始之物，則我們不可能具有任何事物的觀念。

8.我們沒有那一切絕對的美善。

9.所以那些美善必然存在於上帝之內。

10.所以上帝存在。

第 1、2 兩條可以合在一起討論，因為上帝之觀念等於最完美之物，和擁有無限量的美善之物，以及他在別處所說的無限之物的觀念。

在上面的先天論證中，我們已遇到，我們有沒有上帝之觀念的問題。但是在那兒，我們只是約略提過，並未強調這一點。如今針對這個論證，我們再作進一步的討論。

笛卡兒十分自信地肯定，我們心裡存有上帝的觀念，它代表一個最完美之物，或絕對完美之物，或無限完美之物。現在，霍布士、加森蒂，以及當時和以後的許多哲學家和神學家，早已指出，我們並沒有關於上帝之清晰的觀念，甚至不可能具有這樣的觀念。綜合各家的意見，敘述如下。

「第二組反對意見」指出，笛卡兒的上帝觀念可能是受了文明人的影響，譬如來自書本或與朋友的交談，而不是來自上帝或他本人。如果他終身生活在蠻荒地區，說不定他沒有這樣的觀念；像加拿大的土人、雨農人 (Hurons)，他們並沒有上帝的觀念[10]。許多偶像崇拜者往往以為太陽或月亮，或其他有形之物是至上的神明。其實那都不是上帝的觀念。

但是，若謂笛卡兒之上帝觀念可能來自其他文明人，這個反駁力量不大；因為笛卡兒可以回答說，那麼那些文明人的觀念是怎麼來的呢？不過，既然笛卡兒主張天生觀念說，則他不容易解釋，為什麼有些人沒有上帝的正確觀念或清晰觀念。

另外有人指出[11]，觀念都是思想的產物，有時只是一個名字，並不代表實在之物。因為，就上帝的觀念而言，既然它代表一個絕對的、無限的完美之物，那麼誰能夠清晰而分明地了解此無限完美之物呢？俗語說「無限之物，就其為無限之物而言，是不可知的」，這話是什麼意思呢？現在，上帝具有無限多的美善；如果我不能認識無限多的美善，我如何能夠清晰而分明地認識無限之物呢？這即是說，對於無限完美之物，我們不能有清晰而分明的觀念。

依照加森蒂，上帝的屬性皆導源於我們自身的經驗。譬如，我們經驗到存在的持續、能力、知識、仁慈、幸福，然後我們將這些

---

[10] HR, II, p. 26.

[11] HR, II, pp. 1–5.

屬性加以擴大，而肯定上帝是永恆的、全能的、全知的、最仁慈的、最幸福的。其實我們根本不能理解永恆、全能、全知……這些觀念的意義⓬。也即是說，我們根據經驗界的東西所形成的上帝的觀念，根本不能代表上帝的本質。採用一個比喻來說，當我說，我藉著一些經驗就認識了上帝的本質的時候，那幾乎等於說，我認識了一個人的一根頭髮，我就認為我認識了那個人；或者我看見了地球上的一塊石頭，我就認為我認識了無限的宇宙。這都是很可笑的。

另外，我們對於自我都沒有清晰的觀念，何況是對於上帝呢?

笛卡兒曾回答加森蒂說⓭：了解 (understanding) 無限之物與完全洞悉 (comprehending) 無限之物是不同的。我只是說我了解無限之物，而不是說我完全洞悉無限之物。正如有人知道什麼是三角形，但是他並不完全洞悉三角形的一切特性。

如果笛卡兒的意思是，對於上帝我們能夠有一個不清晰的觀念，這似乎說得通。如果他的意思是，上帝的觀念至少如同三角形的觀念那樣清晰 (雖然我並不完全洞悉它們的一切特性)，則這個話只能是一個大膽的假設而已，是無法證實的。因為三角形是有限之物，而且是可經驗的；上帝是無限之物，是超經驗的，兩者不可相提並論。至於完全洞悉，則不只對於上帝我們不能完全洞悉，對於任何實體，我們都不能完全洞悉。

肯尼也不承認我們對於上帝具有清晰的觀念⓮，他認為完美之

⓬ HR, II, pp. 158–159.

⓭ AT, VII, pp. 365–368.
HR, II, pp. 216–218.

⓮ Anthony Kenny, *Descartes: A Study of His Philosophy*, New York: Random

物的觀念是由比較來的。例如，我有時懷疑，所以我不完美。於是我知道什麼是不完美，什麼是完美。因此我有了完美之物的觀念。正如，我不是三角形，所以我不具有三角形的形狀，亦即我不具有一切的形狀。於是我知道什麼是無一切形狀，什麼是有一切形狀。因此我有了「有一切形狀之物」的觀念。然而這樣的觀念可能含有矛盾。同樣，絕對完美之物的觀念也可能含有矛盾。這即是說，對於絕對完美之物（上帝），我們根本沒有清晰的觀念。

總之，對於上帝，我們能夠有一個不清晰的觀念，例如，祂是造物者，是天地萬物的根源，祂具有很大的能力與智慧，等等，但是我們不能對祂有清晰的觀念，因為我們不可能認識祂的本質。如果有上帝的話，則祂必然是「不可道」、「不可名」的，我們對祂的知識是「恍惚的」、「混然的」。

其次，上帝的觀念必然出自經驗，或更好說借助於經驗。我們經驗到能力與智識，因而推論說，上帝應該有無限的能力與智識。因此這樣的概念是經過感官、想像和悟性而形成的，對於它們的真實意義，我們並不了解。這個觀念絕不是天生的，一如上述。

論證的第 3 條：上帝的觀念必須有原因，這是確定的，因為依照因果原理，一物之發生或存在必有原因。如今上帝之觀念發生或存在於我心中，所以它必有原因。

論證的第 4 條：上帝之觀念必須是生於真實存在的上帝，這一點大有疑問。因為，上帝之觀念可能是我們根據經驗，加上想像力的創造和悟性的思考而產生的，並非來自上帝。其原因就是心靈自身。

House, 1968, pp. 129–131.

笛卡兒堅持，上帝之觀念不可能出自我們的心靈。因為，我們沒有上帝之觀念所蘊涵的那一切美善（第 8 條)。所以必須有一原始之物作為那個觀念的原因（第 7 條)。

然而我們上面說過，觀念的形成可能是經由想像力的創造和悟性的思考，而不一定需要原始之物。譬如，天使、魔鬼、美人魚、人面獸身的怪物，等等，我們具有它們的觀念，而不一定有原始之物，至少我們沒有見過原始之物。當然，這些例子只是要說明，我們具有某物之觀念時，不一定有原始的某物。在許多情況下，都是先有某物，而後才有某物之觀念的。

笛卡兒當然不會接受這個意見。因為他堅信一條原理，就是，較不完美之物不能是較完美之物的原因（第 6 條)。上帝之觀念代表最完美之物，所以它的原因必須是最完美之物。為說明這一點，他舉了兩個例子，一個是機器，另一個是圖像。他說，如果我有一機器之觀念，那麼，或是我曾看見機器的原型，或是我有能力發明這個觀念。同樣，一個圖像的觀念必須有一個真實的圖像（如原始的風景，原始的人或物）作為原因⓯。

對於機器的觀念，我們可以反駁說，首先，我們有能力發明機器的觀念，而不需要原始機器存在。發明飛機之前，我們先有了飛機的觀念。其他機器亦是如此。其次，如果要有一個複雜的機器的觀念，那可能需要見過那樣的機器（或者具有極大的創造力)。但是要有一個簡單的、粗略的觀念，則不需要見過那樣的機器，亦不需要極大的創造力。例如，我很容易形成「絕對完美的機器人」的觀念，而我從未見過絕對完美的機器人。

⓯ HR, I,《哲學原理》，XVII, p. 226.

此外，我也有無限大的數和無限長的線的觀念，然而我並不因此說，有無限大的數存在，或者有無限長的線存在。

再者，笛卡兒所說，較不完美之物不能是較完美之物的原因，這話固然有些道理，因為這等於說，無不能生有。然而完美之物的觀念不等於完美之物本身，最完美之物的觀念也不等於最完美之物本身。就事物本身而言，完美之物不能生於較不完美之物，這是真的。但是完美之物的觀念，甚至最完美之物的觀念，則可能是由我們的心靈產生的，因為我們的心靈比我們的觀念更完美。因為心靈是實體，而觀念只是心靈的活動。笛卡兒完全混淆了觀念的完美性與實在界的完美性。

再者，柯丁漢指出⑯，我們可以承認，效果之美善必須在某種方式下包含在原因之中；但是，這個原因不必須是動力因，至少不單單是動力因，也可能是質料因，或者一部分是質料因。譬如一座橋樑的好壞，不單單在於工程師的好壞，也在於所使用的材料的好壞。如果材料很差，則不可能築成上好的橋樑。所以材料也是產生良好效果的重要因素，而不只是動力因。同樣，衣服的好壞，其原因不只在於裁縫師傅，也在於料子。有了上好的料子，再加上優秀的師傅，才能產生高級的衣服。如果料子很差，則不管多麼優秀的師傅，也做不出高級的衣服。

檢討：依照笛卡兒，我們擁有最完美之物的觀念。這個觀念的原因必須是真實存在的最完美之物，亦即上帝。對於這個論證，我們提出下列的批評：⑴對於最完美之物，我們只能有一個模糊的觀念，而不可能有清晰的、分明的觀念。⑵最完美之物的觀念不等於

⑯ 柯丁漢，pp. 50–51.

最完美之物本身。⑶這樣的觀念很可能產生於我們的心靈，而不必有一個最完美的原型。⑷所以這個論證是無效的。

三、由自我之存在證明上帝存在

依照《哲學原理》的次序，關於上帝存在的第三個論證是這樣的。他說：

> 我們不是我們自身的原因；上帝才是我們的原因，所以上帝存在。
>
> 但是由於人們不理會這一點，並且，當我們擁有一部顯示高度技巧的機器的概念時，我們相當清楚地知道，我們是以什麼方式獲得了此種知識，還有，我們甚至不記得，我們所擁有的上帝的觀念是在什麼時候由上帝傳給我們的，因為它一直存在於我們心中；因此我們必須探討，誰是我們的存在的創造者（因為我們擁有無限美善的觀念，這無限美善存在於上帝之內）。因為，自然之光使我們清楚看到，凡認識比他自己更完美的東西的，不能是他存在的創造者，因為那樣的話，他必會將他知道的一切美善賦與他自己；因此，他的存在不能來自別的東西，只能來自擁有這一切美善者，亦即來自上帝⓱。

首先，這個論證也是後天的，因為自我的存在是一項事實；這項事

⓱ HR, I,《哲學原理》, XX, p. 227.

實是由內在經驗而得知的；然後又藉著因果原理來證明上帝存在。

不過，這個論證不同於上面第二個。上面第二個論證是由上帝之觀念的存在來證明上帝存在，而這個論證則是由自我之存在證明上帝存在。

但是這個論證預設了第二個論證。因為，正像他所說的，自我擁有無限美善的觀念，而這無限的美善存在於上帝之內，亦即不可能是由我的想像力和悟性所形成的。在這兒，他的另外一個預設就是，觀念具有客觀實在性，並且觀念的客觀實在性完全等於實在界的客觀實在性，也即是說，思想界與實在界是平行的。

這個論證的關鍵在於這句話:「自然之光使我們清楚看到，凡認識比他自己更完美的東西的，不能是他存在的創造者，因為那樣的話，他必會將他知道的一切美善賦與他自己。」自然之光就是理性。清楚看到，即是說理性在這一點上具有清晰而分明的觀念。而清晰性與分明性乃是真理的判準。下面，「凡認識比他自己更完美的東西的云云」，這個話似說得通，因為，如果我有自我創造的能力，那麼我必會將一切美善加於自己；理由是，自我是實體，美善是附性；如果我能創造自我的實體，則我必能創造自我的附性。因為創造附性比創造實體更容易。

但是笛卡兒似乎沒有想到，我可能生於父母，或出自猿人，或生於不知道什麼原因，而不是自我創造的，亦不是出自上帝。關於這一點，笛卡兒會堅持說，如果我是生於父母或其他任何東西，那麼父母或其他任何東西必然是出自上帝，亦即擁有一切美善者。這兒他又回到了他那固執的預設，就是觀念所蘊涵的美善等同於實在界的美善。如果父母或其他任何東西認識比他們自身更完美的東西，則他們也不能是自己的創造者，餘可類推。所以自我或父母或任何東西，只要認識比我們更完美的東西，都不可能是自己的創造者。所以我的存在必須出自一個擁有一切美善者，亦即上帝。

但是，我們上面已經指出，一切觀念，包括上帝之觀念，都可能是我們的想像力和思想的產物。觀念中的完美性不等於實在界的完善性。自我的想像力和思想不能產生實在界的完美性，尤其不能產生一切美善，然而卻能產生或形成一切美善的觀念。儘管我是生於父母，儘管父母不具有一切美善，然而只要我具有想像力和悟性，我就能形成最完美之物的觀念。所以絕不能結論說，由於我認識比我更完美的東西，我不是自己的創造者，因此必須有一個擁有一切美善的真實存在之物，亦即上帝。這個結論在邏輯上是完全沒有保障的。

顯然地，笛卡兒這個論證不同於聖多瑪斯的宇宙論證。宇宙論證也可以由自我的存在開始。其大意謂，如果我是偶有之物，則我的存在必有外在的原因；如果那原因亦是偶有之物，則它也需要外在的原因。依此邏輯往上推，由於在實在界原因的系列不能是無限的，所以必須有一必然之物，作為我的原因或原因系列的第一原因。宇宙論證的特徵包括下列幾點：

1. 它使用偶有之物和必然之物的概念。

2. 它使用因果原理。

3. 它指出，在實在界原因的無限系列是不可能的。

4. 它證出一個必然之物，他是第一原因，他創生了其他存在之物。

5. 它肯定，此必然之物即是造物者，亦即上帝。

笛卡兒的論證不是這樣進行的。他不是由自我之偶有性證明必然之物之存在，而是由我認識比我更完美的東西的觀念，而證明有一個最完美之物。我們認為，笛卡兒的論證在邏輯上扣得不緊，亦即缺乏邏輯的強迫力。如果他要形成有效的論證，他必須採用宇宙論證的形式。當然，關於宇宙論證，也有不同的意見。詳細情形，需要另外討論。

四、由自我生命的持續證明上帝存在

這兒笛卡兒提出了第四個論證，以證明上帝存在。他說：

> 只要我們觀察到時間的性質或事物的持續性，我們就不能懷疑這個論證的真理。因為，它的各部分並不互相依屬，並且不能共存。如果沒有一個原因——當初創生我們的原因——繼續創生我們，亦即保存我們，則由我們如今存在這一事實，不能因此說下一刻我們還存在。我們很容易看出，我們自身沒有自我保存的力量，然而有能力保存我們的那一位，必然更有理由保存祂自己，或者更好說，祂不需要別的東西來保存他，因為祂就是上帝⓲。

笛卡兒在答辯部分又將此論證稍加發揮。他說，如果我具有自我保存的能力，則我必能賦與我自己一切美善。然而我不能賦與我自己一切美善（因為事實上我不具有一切美善），所以我沒有自我保存的

⓲ HR, I,《哲學原理》，XXI, pp. 227–228.

能力。因此必須有另外的原因來保存我，使我繼續存在。這個原因不能是別的，只能是上帝，祂有能力保存我，也有能力保持祂自己，並賦與祂自己一切美善⓳。

在經院哲學裡，「創造」的概念和「保存」的概念是分不開的。保存的意思就是繼續創造。因此，如果我沒有自我創造的力量，那麼我也沒有自我保存的力量。理由是同一個：我的存在來自外力。笛卡兒顯然採用了經院哲學的這些概念。但是經院哲學家從未把保存的能力當作一個獨立的論證。

這個論證的主要理由在於事物的持續包含了時間的先後，而時間的先後彼此沒有依屬關係。所以這一刻的存在不能保證下一刻的存在。

對於這一點，我們要提出下面的意見。首先，關於時間的性質，笛卡兒在這兒沒有說得很清楚。他似乎認為，時間與事物的持續性 (duration of things) 是同一的。不過，我們必須指出，時間是一個非常複雜的概念。關於時間的性質，有若干不同的意見。亞里斯多德認為，時間是物體運動之先後的數量⓴。物體之運動必有先後。運動之先後必有數量。此數量，經過悟性的抽象作用即是時間。所以時間並非一個具體之物，而只是一個以物體之運動為基礎的抽象概念。運動本身不是時間。所以時間主要是理性的產物，然而又非純粹的理性產物，因此可稱為「有基礎的理性產物」(ens rationis cum fundamento in re)。據此可知，時間概念與其他具體事物，譬如犬的

⓳ HR, II,《答難》, p. 58.

⓴ 亞里斯多德給時間下的定義是：numerus motus secundum prius et posterius。經院哲學家常常引用，人人皆知。

概念，是不同的。犬的概念是以一隻一隻的犬為根據，每一隻犬都是一個完整的實例。時間則是以一般的運動為基礎，因此我們只有一個大的，無限長的時間，而沒有一個一個的時間。嚴格地說，時間不是實在的、客觀的東西。

聖奧古斯丁則認為，時間是我們根據內心的變化而形成的一個觀念。就此意義言，時間也不是外在的、客觀的東西。

依照康德，時間是感性的先天模式，是形成現象世界的條件。據此而論，時間更是主觀的，而不是外在的、客觀的東西了。

現在，笛卡兒認為時間是事物的持續，這個論斷尚有討論的餘地。因為時間可以用來測量事物的持續，而不能說時間就是事物的持續，正像可以說時間是以物體的運動為基礎，但不可以說時間即是物體的運動。因此，時間的先後彼此不相依屬，然而不能因此說事物的持續彼此不相依屬。兩者之間是有差異的。事實上，一個存在之物，其本身似乎具有一種持續存在的力量，如果沒有外力的干預，它就會繼續存在。例如，一張桌子，如果沒有外力的干預，它會繼續存在。一只滾動的球，如果沒有外力的干預，它會繼續滾動。換言之，存在之物似乎蘊含了繼續存在的能力，所以事物的持續之先後不能說彼此不相屬。我們之所以不能保證下一刻的存在，不是因為我們此刻的存在跟下一刻的存在不相干，而是因為我們不能防止其他因素的干預。假定有細菌，或動物，或人類，攻擊我，或者我的機能老化，如果我能防止它們，或克服那些因素，我就能繼續生存。總之這個問題，也許可以這樣說，造物者在賦與我存在時，同時賦與了我繼續存在的力量，而不是說祂每時每刻在重新創造我。

笛卡兒最後說，「有能力保存我們的那一位（上帝）……不需要別的東西來保存祂」。的確，上帝之概念包含著必然的、永恆的、無限的、絕對獨立的存在。如此的存在之物確實「不需要別的東西來保存祂」。不過，這個結論預設了一個重要條件，就是，「如果上帝存在的話」。但是對於這個條件，笛卡兒尚未提出真正有力的證明，一如上述。

以上是笛卡兒所提的四個論證，用以證明上帝存在。其中第一個是先天論證，與聖安瑟謨之論證相同。其他三個屬於後天論證。這三個不同於任何傳統的後天論證，是笛卡兒新創的。這些新創的後天論證充分顯示了笛卡兒的創新力，這是應該肯定的。不過，總括這四個論證均缺乏了邏輯的強迫性。因此它們的結論最多只是蓋然的，而不是確定的。笛卡兒沒有使用任何傳統的後天論證，這表示他對傳統論證沒有信心，甚至輕視。然而他所提出的論證，與傳統論證相比，似乎並不高明，甚至可以說不如傳統的某些論證強而有力。這是需要讀者明辨的。

第七章　上帝的屬性

笛卡兒在討論了上帝存在之後，接下去討論了上帝的屬性。儘管笛卡兒所提出的關於上帝存在的論證並不確定，然而那不等於上帝不存在，也不等於說沒有任何論證能夠有效地證明上帝存在，因此關於上帝的屬性仍是可以討論。

笛卡兒關於上帝存在的論證，無論是先天的或後天的，都是以上帝之觀念為基礎。先天論證是由分析上帝之觀念而試圖證明上帝之存在；後天論證則是藉著追求上帝之觀念的來源以及擁有上帝之觀念的自我的來源而試圖證明上帝之存在。下面討論上帝的屬性時，更是以上帝之觀念為基礎。足見這個觀念所扮演的角色是如何重要。現在，根據上帝之觀念，我們能夠認識上帝的哪些屬性呢？笛卡兒說：

> 當我們反省上帝之觀念時（這是祂植於我們心中的），我們看到，祂是永恆的、全知的、全能的、一切真與善的源頭、天地萬物的創造者，簡言之，凡我們清楚認識的無限美善，只要不含缺點，祂都擁有❶。

---

❶ HR, I,《哲學原理》，XXII, p. 228.

上帝的觀念指的是絕對完美之物。所以一切美善，只要不含缺點，並且其本身及其彼此之間不含有矛盾，必然存在於上帝之內。否則的話，祂即不是絕對完善之物了。

根據這個邏輯，必須從上帝的本性中排除那些帶有缺點的屬性。首先，上帝不能是物體。笛卡兒說：

> 就物體的本性言，由於地區的延積蘊涵了可分性，而可分性表示不完美，因此我們確知上帝不是物體❷。

依照笛卡兒，物體必有延積。延積必是可分的。可分性表示缺乏統一性。其所以是統一的必須靠外在的力量。並且物體被分解之後，往往失掉本來的面貌，甚至失掉其本質或本性。所以物體不完美。所以上帝不能是物體。

其次，上帝不能有感官。因為，第一，感官與肉體分不開，是肉體的一部分。上帝既無肉體，因而亦無感官。第二，「一切感覺皆有被動性，而被動性表示依賴性」❸。所以上帝不能有感官。

上帝雖不能有感官，卻有理智和意志，因為知識和意願能夠是純粹的美善，而不含有缺點。不過，上帝的理智和意志不同於人類的理智和意志。因為人類的理智和意志彼此有區別，而上帝的本性是單純的，祂的一切屬性都是同一的，彼此沒有實在的區分。此外，人類的官能都是有限的，因而都有缺點。上帝的一切屬性都是無限的，沒有任何缺點❹。

---

❷ HR, I,《哲學原理》，XXIII, p. 228.

❸ 同上。

上帝有許多屬性，其中有的與我們的關係非常密切。真誠即屬這一類。因為，上帝既是絕對真誠的，因此祂不能欺騙我們，使我們常常犯錯，真假不分。這樣的行為違反祂誠實的本性。而且，欺騙的行為常是出於惡意，或恐懼，或軟弱；然而這些缺點絕不可歸之於上帝❺。

我們上面討論懷疑的理由時，其中有一條說，我們的本性可能是如此受造的，就是關於我們清晰地認識的對象，我們也常常犯錯。現在，既然上帝是誠實的，不能欺騙我們，那麼，凡本性之光清晰而分明地認識的東西，必是真的。因為，如果上帝賦與我們的認知官能是如此的敗壞，以至於常常把假的當作真的，那就可以說，上帝欺騙我們。這是不可能的❻。

據此，笛卡兒結論說，數學真理是不能懷疑的，因為它們是最清晰的❼。

其實，我們前面已經指出，數學真理本來是不能懷疑的。數學知識不需等到證明了上帝存在才是確定的。許多人懷疑上帝是否存在，然而不懷疑數學的真理。因為數學的真理似乎比證明上帝存在的論證更清晰、更分明。笛卡兒的許多推論顯然有些牽強。

此外，笛卡兒指出，感官之知，只要是清晰的、分明的，也是真的。這個話是正確的。雖然感官有時會犯錯，譬如我們看到太陽是動的、地球是靜的，等等，不過，經過適當的反省，再加上科學

---

❹ HR, I,《哲學原理》，XXIII, p. 228.

❺ HR, I,《哲學原理》，XXIX, p. 231.

❻ HR, I,《哲學原理》，XXX, p. 231.

❼ 同上。

的方法，我們能夠修正感官的錯誤。況且感官之知對人類生活十分重要。盲人的生活是如何困難，想到這一點，簡直令人不寒而慄。

那麼，只要我們嚴格遵守清晰分明的判準，我們的感覺與判斷都不會犯錯。只有當我們對於我們認識不清的對象下判斷時，我們才會犯錯。我們之所以經常犯錯，這是最主要的一個原因❽。

但是為什麼在我們認識得不清晰的時候，我們還要下判斷呢？依照笛卡兒，此種情形是意志所造成的。笛卡兒首先指出兩點。其一，我們的錯誤不能歸咎於上帝，因為上帝不能欺騙我們。其二，受造的理智是有限的，不可能清楚地認識一切事物。對於它清楚認識的對象，它不會犯錯❾。接下去他指出，雖然理智的知識是有限的，然而意志的欲求卻是無限的。對於我們認識得不清楚的對象，它也能夠欲求，進而推動理智去下判斷。在這樣的情況下，我們的理智就容易受騙而陷於錯誤❿。

笛卡兒這番話固然也有一些道理。但是除此之外，還有一些犯錯的理由他並沒有面對。例如，人類的性格是非常複雜的。有些人天生固執、自負、浮躁，經常把自己認識不清的東西當作認識得清楚，而加以大膽地肯定或否定，這樣的例子多得是，不可能統統歸咎於意志。

意志之所以有無限的欲求，並且推動理智，使理智犯錯，是因為意志具有自由的特性。自由原是一項美德，藉著自由，我們成為自己行為的主宰⓫。但是也就是因了自由，我們才會犯錯。出於自

❽ HR, I,《哲學原理》，XXXIIII, p. 232.

❾ HR, I,《哲學原理》，XXXVI, p. 233.

❿ 同上。

然法則的行為是不會犯錯的。

我們的意志具有自由，這一點是自明的。因為當我們試圖懷疑一切，並且假定造物者用盡一切力量，一切方法，來欺騙我們時，我們依然有能力存而不論，不下判斷，亦不相信任何事物。這一事實非常明顯，不能置疑。足見我們是自由的⓬。

當然，上帝能夠賦與我們更敏銳的理智，使我們常常認識得清清楚楚，因而不會形成錯誤的判斷。但是我們沒有資格如此要求祂，祂是絕對自由的，祂沒有義務給與我們最好的理智⓭。

事實上，人類的理智十分可憐。一般的人，幾乎所有的人，都是真假不分，是非莫辨，把生命浪費在無窮的辯論上。為什麼上帝要把我們創造成這個樣子，恐怕永遠是一個謎。

但是，這兒產生了一個嚴重的困難，這個困難，笛卡兒自己也理會了。這即是，上帝是全知的，過去、現在和未來的一切事件，祂統統知道。另一方面，人是自由的，他的行為可以改變，沒有原因來決定它。這即是說，在自由行為發生之前，它沒有可知性，亦即不可能藉著它的原因去認識它。如此一來，就產生了一個矛盾：或者上帝不是全知的，不認識人類未來的自由行為，或者人不是自由的，他的行為受了原因的決定；上帝的全知與人類的自由是互相矛盾的。

在西方傳統上，這是一個相當古老的問題。不過，笛卡兒是從「預定」的觀點來說的。他說：世界上的每一事件都被上帝預先規

⓫ HR, I,《哲學原理》，XXXVII, pp. 233–234.

⓬ HR, I,《哲學原理》，XXXIX, pp. 234–235.

⓭ HR, I,《哲學原理》，XXXVIII, p. 234.

定了。如果我們想要同時了解上帝的規定和人的自由，那是非常困難的⓮。

然而，「全知」是上帝的屬性之一，這是明顯的。說「上帝預定了一切」，這個命題似乎不那麼明顯。我們如何知道上帝預定了一切呢?「預定一切」是上帝的屬性嗎? 所以我們認為，這個問題應該從上帝全知的觀點來研究。

對於這個問題，笛卡兒提出了下面的答案：人的理智是有限的，上帝的知識與能力是無限的，所以人的理智不可能完全了解上帝的屬性。我們確知人是自由的，理由是內在的經驗。我們親身體驗到，我們的行為是中立的，不受決定或強迫。我們不知道的是，上帝如何知道並規定人的自由行為⓯。

對有神論者而言，這個問題本是十分困難的。笛卡兒提供的這個答案，雖非完美無缺，但似乎頗有道理。他是以人類理智的有限性為基礎，而將不可知的部分放在上帝那兒。這即是，一方面肯定我們清楚知道的事實，另一方面承認我們不可能完全理解無限的上帝。這個觀點似乎比較合乎情理。事實上有些人採取了另外的答案，就是肯定上帝的全知與決定，而否定人的自由。笛卡兒並未採取這樣的主張。

不過，這個問題或許也可以從另外一個角度來看。這即是，人的行為雖是自由的，然而總是有一些先在的因素或理由促成了它(儘管不是必然地決定了它)。對於這些因素或理由，我們往往沒有自覺。然而在上帝方面，這些因素或理由可能已經提供了足夠的基礎，使

⓮ HR, I,《哲學原理》，XL, p. 235.

⓯ HR, I,《哲學原理》，XLI, p. 235.

得祂能夠預知行為的發生或不發生。這些行為，從它們是依照上帝之普遍的安排而發生的方面看，是被規定的。從它們是出於人類自己的選擇方面看，則是自由的。換句話說，自由的意思並不是說完全沒有理由的，或盲目的，或違反理性的。不然，人是理性主體，他的選擇不可能毫無理由。上帝能夠洞察一切理由和一切具體情境，以及那些理由在那些具體情境中所蘊含的力量，因而祂能預知行為的發生或不發生。這個說明，或許對笛卡兒的答案有所補充。

總之，在認知方面，我們經常犯錯，這是不可否認的。依照笛卡兒，如果我們只對我們清楚認識的事物去下判斷，我們就不會犯錯。因為，我們的認知官能是由上帝賦與的，而且上帝不可能欺騙我們。如果對於我們清楚認識的對象（譬如數學），我們也會必然地犯錯（偶然計算錯誤除外），則等於說上帝故意欺騙我們。那是不可能的。據此可知，笛卡兒對於人類理性具有極大的信心。

第八章　靈魂與肉體

本章討論笛卡兒關於人的學說，可以說是他的心理學。前面第四章裡討論「我是什麼」的時候，只能從知識論的觀點討論到靈魂，因為在那個階段，我只知道我是靈魂，而不知道我有沒有肉體。如今我們已在第七章討論了「上帝存在」，並且假定笛卡兒證明了上帝存在，那麼我們就有資格討論人的整體了。因為，我們知覺到我們有肉體，我們的認知能力是上帝賦與的，上帝不能欺騙我們，所以我們有肉體。所以我們知道，人是靈魂與肉體的結合體❶。

另外，笛卡兒也發現，我們擁有思想實體、物質實體，和上帝的清晰觀念❷。肉體是物質實體的一部分。清晰的觀念是絕對真實的。所以我們可以討論物體和肉體。

一、實　體

依照笛卡兒，靈魂和肉體都是實體，並且是各自獨立的實體。這一點對他的人性論具有很大的影響，因此我們先討論實體。

實體是什麼？依照笛卡兒，「實體只是這樣的存在之物，它為了

❶ HR, I, p. 255.

❷ HR, I, p. 241.

存在不需要別的東西」。接下去他指出，事實上，只有一個實體符合這個定義，那就是上帝，因為上帝的存在絕對不需要別的東西，祂是自有的、自存的。至於其他的東西則至少需要上帝的協助（創造與保存）。因此實體一語不是單義的 (univocal)，而是類比的 (analogical)❸。

一切受造的實體，無論是靈魂或是肉體，都有相同的意義，它們的存在不需要別的東西，只需要上帝的協助。

後來斯賓諾沙給與實體的定義顯然受了笛卡兒的影響。他說：

> 實體，我理解為在自身內，並通過自身而被認識的東西。換言之，形成實體的概念，可以無須借助於他物的概念❹。

大家知道，這兒「通過自身而被認識的東西」，以及「形成實體的概念,可以無須借助於他物的概念」,這兩句話都是排除了原因的概念。凡受造之物皆須通過原因而被認知。凡須通過原因而被認知的東西，都不是實體。宇宙中只有一物是在自身內，不通過原因而被認識的，那就是神或上帝。於是他結論說，天地萬物都不是實體，而只是神的樣態 (modifications)。這顯然是由笛卡兒的定義引申出來的。

另外，我們需要指出，笛卡兒的定義也不同於亞里斯多德派的定義。依照亞里斯多德派的傳統定義，實體是指「自存之物」(that which exists in itself)。它與附性是對立的。附性是指「存在於他物之內的東西」。例如，犬是自存之物，亦即實體，犬之白色是附性，它

❸ HR, I, pp. 239–240.

❹ 斯賓諾沙著，賀自昭譯，《倫理學》，新竹：仰哲，民國 71 年，頁 1。

存在於犬的身上。依照亞里斯多德派的意見，天地萬物都是真正的實體，因為這是人類最先認識的東西。後來，當我們藉著萬物認識了上帝之後，實體一語才有了類比的意義。然而依照笛卡兒，實體一語首先應用於上帝，祂是唯一的真正實體。應用於萬物時，則只有類比的意義。換言之，天地萬物都不是嚴格意義的實體。他們的主要差別在於，亞里斯多德派以萬物為起點，亦即把研究的重點放在自然界，即使它們是受造的，也是真正的實體。笛卡兒則是以上帝為起點，亦即把研究重點放在上帝那兒，先指出上帝為實體，因此當我們將實體一語應用於萬物時，只能有類比的意義了。依筆者之見，笛卡兒的定義似有弱點。因為按照邏輯引申下來，只有上帝是真正的實體，一如斯賓諾沙所做的那樣。然而否定萬物為實體，這是違反人類經驗的。事實上萬物比上帝更容易，也更優先，被我們認識。實體一語首先應該應用於萬物。

但是，我們如何認識實體呢？依照笛卡兒，我們之能夠認識實體，不是因為它們存在，因為它們的存在自身，我們無法認識。然而實體具有屬性或特性。我們能夠認識它們的屬性或特性。屬性是不能自存的。因此只要我們認識了屬性，我們就知道必有實體存在❺。

笛卡兒這個主張是有價值的。因為天地萬物可以分為自存之物（或自立體），與依存之物（依附體，或附性）。除此之外，絕沒有第三個可能性。如果說一切都是依存之物，那是矛盾的，因為依存的概念中包含了所依存之物，或自存之物。所以只要我們經驗到一些物，則必有自存之物。依照邏輯，這個結論是必然的，正如 1 + 1

❺　HR, I, p. 240.

= 2，是必然的一樣。除非你把 1 與 1 分開，不相加；只要你把它們相加，則非等於 2 不可。同樣，除非世界上沒有物；只要有物，則非有自存之物不可。據此可知，有些人似乎認為世界上只有現象，而沒有實體。依照上述的理論，這樣的意見顯然是錯誤的（休謨似乎就有如此的主張，因為他否定一切實體，連自我也不是實體，而只是一堆知覺之集合）。另外，懷海德 (Alfred North Whitehead) 主張，宇宙（或精神）只是一連續的變化歷程 (processes)，沒有所謂實體。現在，假定他真正有意否定實體，那麼他就犯了明顯的錯誤。因為在變化歷程中，必然有東西在變，這個東西就是實體，不管它是物質物或非物質物。其次，他似乎假定實體是靜態的，不變的。其實，實體可以是動態的，它能夠採取不同的形式或面貌，而不妨害其為實體。實體之常住乃是指其具有持續的存在，而不是說它是靜態的。有些哲學家往往過分地強調問題的某一面，而忽略了整體。這是值得我們警惕的。

依照笛卡兒，實體分兩種，一是物質的，稱為物體，一是非物質的，稱為靈魂或精神。每一種實體皆有一個主要屬性 (attribute)，構成實體的本性或本質。靈魂的主要屬性是思想，物體的主要屬性是延積，其他一切性質皆附屬於主要屬性❻。

除了屬性之外，還有樣態，兩者是有區別的。譬如持續、秩序、數量，都是實體的樣態❼。屬性構成事物之本性，樣態則附屬於屬性。例如，延積是物體之屬性，方、圓，是延積之樣態；思想是靈魂之屬性，肯定、否定，是思想之樣態❽。屬於延積的樣態除了形

❻ HR, I, p. 240.

❼ HR, I, p. 241.

狀之外，還有各部分的位置與運動；屬於思想的樣態則是一切理解、想像、回憶，和意願等等❾。

此外，思想與延積雖是屬性，但亦可被視為實體之樣態，因為靈魂可以有不同的思想，物體亦可有不同的延積（如長、寬、高）❿。

接下去，笛卡兒講到區分。他指出，區分有三種，就是實在的(real)、樣態的 (modal)，和理性的 (of reason)。實體與實體的區分是實在的⓫。因此，雖然靈魂與肉體密切地結合在一起，然而它們彼此的區分是實在的，因為它們是兩種不同的實體⓬。

笛卡兒這個主張與亞里斯多德的主張，表面看來相似，然而實際上非常不同。相似，因為他們都主張靈魂與肉體密切地合而為一了。不同，因為，依照亞里斯多德，靈魂與肉體都是不完整的實體(incomplete substance)；靈魂是形式，肉體是質料 (matter)；兩者合在一起之後，形成一個完整的實體或一個存在之物 (one being)。假定形式與質料是兩個完整的實體或兩個完整的存在之物，則兩者只能混合在一起，而不能真正合而為一，正如 1 加 1 不能等於 1 那樣。笛卡兒則肯定靈魂與肉體是兩個不同的、完整的實體。如此一來，它們不可能真正變為一體。結果，人只能是一個混合體。至於靈魂與肉體如何相互作用的問題，他永遠交待不清楚。關於這一層，以後詳論。

---

❽ HR, I, p. 436.

❾ HR, I, p. 246.

❿ 同上。

⓫ HR, I, p. 244.

⓬ 同上。

其次是樣態的區分。樣態的區分有兩種。一是實體與其樣態的區分，例如，物體與其形狀或運動的區分，以及靈魂與其肯定或回憶的區分。另一種是同一實體的樣態彼此之間的區分，例如，同一塊石頭的形狀與運動的區分⓭。

再來就是理性的區分。理性的區分也有兩種情形。一種是實體與其屬性的區分，例如物體與延積，或靈魂與思想的區分。另一種是同一實體的兩個屬性之間的區分⓮，例如上帝之大能與上帝之全知的區分。

二、靈魂與肉體的相互作用

在討論本節之前，我們必須牢記兩點：⑴靈魂與肉體是兩個獨立的、完整的、彼此全然不同的實體。⑵它們密切地互相結合在一起，形成了一個一個的人。現在，既然它們互相結合在一起，它們必然在某些方面相互作用，相互影響。否則的話，它們的結合便沒有意義了。這個問題在笛卡兒的系統中特別突出，特別需要研究。

笛卡兒指出，雖然靈魂與整個肉體結合在一起，但是它主要的位置是在腦中，它的一切活動都是在那兒進行。他說：

> 雖然人的靈魂把形式賦與整個肉體，然而它的主要位置是在腦中；它只在那兒從事理解、想像，甚至感覺活動⓯。

⓭ HR, I, p. 244.

⓮ HR, I, p. 245.

⓯ HR, I, p. 289.

又說：

> 靈魂是在腦中感覺到作用於肉體的那些東西，而不是在肉體的每一個肢體中⓰。

譬如說，如果我的手受了傷，我的靈魂在腦中感覺痛，而不是在手上感覺痛。

說靈魂的位置是在腦中，這個話仍嫌籠統。它在腦中的哪一部分呢？依照笛卡兒，靈魂主要是藉著腦中一個小小的腺體（松果腺）執行它的任務，所以它主要存在於腺體中。因為這個腺體位於腦的中央，並且其他部分皆成雙 (double)，只有這個腺體是唯一的一個，因此靈魂的感覺才能統一⓱。譬如說，我們看見一個物體，我的兩隻眼睛獲得兩個像。如果這兩個像不能在某個地方被統一起來，則靈魂會有兩個感覺，而不能有一個感覺。然而我們只有一個感覺。這就是因為它們通過了松果腺，被統一起來了。

為什麼說靈魂單單在腦中從事感覺活動，而不是在其他肢體中呢？為了證明這一點，笛卡兒提出了三個論證：

1. 睡眠和影響腦子的某些疾病皆中斷了感官的活動。
2. 如果感官與腦之間的神經被切斷，則無感覺。
3. 當感覺部位不存在時，它仍舊有感覺。例如一個女孩覺得手指痛，然而她的手早已因了某種原因被切除了⓲。

⓰ HR, I, p. 293.

⓱ HR, I, pp. 345–346.

⓲ HR, I, p. 293.

靈魂與肉體的相互作用是通過腺體。但是相互作用的過程還要借助於神經系統和神經中流動的氣 (spirits)，亦即一種微妙的氣體。靈魂藉著腺體和流動於神經系統中的氣對肉體發號施令；反過來，肉體也是藉神經系統中的氣及腺體把消息傳達給靈魂⓳。

笛卡兒的真正意思是，單單氣的運動就能引起各種感覺，諸如冷熱、顏色、光亮等等。一個耳光能夠使人看到金星，堵起耳朵使人聽到嗡嗡的聲音，割一刀會引起疼痛，這些現象都是由氣的運動所引起的⓴。

據此而論，靈魂的感覺不必是由外界的對象所引起的，許多別的原因都能引起相同的或類似的感覺。因此感覺不必與外界對象相類似。為了強調這一點，他又提出一個例子。精神病患者和睡眠的人往往看見不在眼前的東西，這是由於有些氣體擾亂了腦子，而造成了那些現象，使他們覺得彷彿對象就在眼前一樣㉑。所以，看見是靈魂的活動，不是眼睛的活動。唯有藉著腦子才能發生看的行為。

依照肯尼的詮釋，他的這個思想是由幻覺和感官的錯覺所引起的。例如，一根筆直的棍子，將其一半插入水中，看起來是彎的。在此情況下，他認為有三件事發生了。⑴棍子反射的光線使得神經系統中的氣產生運動而影響了腦子。⑵靈魂有了顏色和光的觀念。⑶意志判斷：棍子是彎的。其中第⑵項才是真正的感覺，是不會錯

⓳ HR, I, p. 347.

⓴ Anthony Kenny, *Descartes: A Study of His Philosophy*, New York: Random House, 1968, pp. 218–219.

㉑ AT, VI, p. 113.
Kenny, p. 218.

的。第(1)和第(3)項都不是感覺本身，所以其錯不在感覺㉒。

如果將笛卡兒的這個意見與聖多瑪斯的加以比較，則能更清楚地了解笛卡兒的思想。聖多瑪斯在「感官是否會犯錯㉓」那個問題中指出，真假不屬於感官，只屬於理智的判斷。不過，感覺也包含一種的判斷，在不適當的情況下，它也會犯錯。然而它的錯誤是偶然的 (per accidens)㉔。同時也主張，不是眼睛在看，也不是靈魂在看，而是整個兒的人（或動物）在看。另外，聖多瑪斯也認為，感覺與被感覺之物（對象）有相似之處，視覺相似於顏色，味覺相似於味道。這都是他們兩家的不同之處。

當然，這兒有一個問題，就是，對象的次要性質是否與感覺相似呢？如果這個問題的意思是，在沒有人觀看時，那些對象是什麼模樣呢？則這個問題是愚蠢的。聖多瑪斯的意思不是說，一個東西，在沒有人品嚐它時，它已經是甜的。依照亞里斯多德派的說法，沒有人品嚐的東西，只有甜的潛能。唯有當一個人（或一隻動物）具有品嚐的能力而且實際上在品嚐時，那個東西才能夠實際上是甜的。餘可類推㉕。

笛卡兒也說，次要性質是對象的能力 (powers of objects)，這是什麼意思呢？他的意思是說，對象有能力推動我們的神經和流動於神經系統中的氣，並藉著這些氣使得靈魂有所感覺。聖多瑪斯的意思則是，對象能夠在我們的感覺中產生一種相似性。聖多瑪斯可以

㉒ Kenny, pp. 218–219.

㉓ St. Thomas Aquinas, *Summa Theologiae*, Ia, 17, 3.

㉔ Kenny, p. 219.

㉕ Kenny, pp. 219–220.

說，某物是紅的或甜的。笛卡兒則只能說，對象推動我們的神經，使我們產生紅的或甜的感覺，然而其他原因也能使我們產生同樣的感覺㉖。

我們認為，聖多瑪斯之強調感覺與對象的相似性，似乎高估了對象的客觀性。當然，在他那個時代，他也只能做到這個程度。另一方面，笛卡兒之認為對象或其他原因皆可能引起同樣的運動與感覺，這等於說，即使對象不存在，我們仍然可以具有種種的感覺。這樣的思想似乎過於主觀。因此他們兩家的意見似乎都有所偏。

另外，說感官在感覺，或靈魂在感覺，都不妥當。而是整個兒的人（或動物）在感覺。正如一隻錶之指示時間，我們不能說，只有針在指示時間，或只有發條在指示時間，而是整個錶在指示時間㉗。笛卡兒之所以強調只有靈魂在感覺，是因為他主張靈魂是獨立的實體，具有知覺的能力，肉體是物質物，沒有知覺的能力；即使沒有肉體的合作，靈魂照樣有知覺（一切觀念都是天生的）。這個主張跟亞里斯多德派的主張是非常不同的。

笛卡兒也曾試圖衛護靈魂與肉體的統一性。他在第六沉思中指出：

> 我在我的肉體中不只像是舵手在船上那樣；我與肉體密切地結合在一起，跟它組成一個整體。

因為不然的話，

㉖ Kenny, p. 220.

㉗ Kenny, pp. 220–221.

> 當我的肉體受傷時，既然我只是一個思想體，不應該感覺痛，因為我應該只靠悟性去知覺它的傷口，就像水手只用視覺去檢查船的破洞那樣。同樣，飢渴、疼痛，都是思想的樣態，也都產生於靈魂與肉體的合一㉘。

首先我們注意一下笛卡兒使用的語言。當他說「我」的時候，常是指的靈魂，亦即那「思想體」，並不包括肉體；肉體只是「它」。雖然他說「靈魂與肉體密切地結合在一起」，「組成一個整體」，然而我與它到底仍是兩個獨立的實體。因此所謂「密切地」這個話十分空洞，等於沒有說什麼。

笛卡兒所說水手與船的比喻，使我們想起柏拉圖。柏拉圖曾將靈魂比作車夫，把肉體比作馬車。靈魂與肉體是兩種獨立的存在之物。唯有靈魂能夠觀賞真理，亦即理型世界。肉體毀壞之後，靈魂將獲得更大的自由。雖然笛卡兒否認這種結合的形式，但他的思想與柏拉圖的非常接近。有人說笛卡兒的哲學跟柏拉圖是一系的，這個話確有幾分道理。事實上，除了關於靈魂與肉體的學說之外，笛卡兒的天生觀念說也類似柏拉圖的回憶說。

再者，上面引證的那段話只說明了事實上靈魂與肉體是合一的，以及為什麼說它們是合一的，但是沒有說明它們是「如何」結合為一的。在笛卡兒的系統裡，我們看不出，一個無延積的思想實體如何能夠推動有延積而無思想的實體，以及一個有延積而無思想的實體如何可能在無延積的思想實體中引起感覺。兩種實體的不同特性

㉘ AT, VII, p. 81, p. 88.
HR, I, p. 192, p. 197.

使得它們無法相互作用，一如肯尼早已指出者[29]。這個問題在亞里斯多德派的系統裡，似乎比較容易理解。靈魂與肉體都是不完整的實體，兩者結合在一起，才形成一個完整實體。靈魂賦與形式時，同時賦與了生命。肉體不再是單純的物質，它是有生命的東西。它的一切活動都是整個兒生命的活動，正如一般的動物那樣。有感覺時，是整個兒動物在感覺，而不是動物的靈魂或肢體在感覺。笛卡兒的困難在於他肯定靈魂與肉體是兩個獨立的，完整的實體，各自保持自己的特性。在此情況下，我們看不出，它們如何能夠互相作用，或者它們的行為如何能夠統一。

伊利沙白公主曾向笛卡兒提出這個問題，她問靈魂與肉體如何相互作用。笛卡兒回答說：⑴靈魂之影響肉體的行為類似經院學派所說的重量（當然事實上並非重量）；⑵我們之認識靈魂與肉體之結合是經由感官，而不是經由悟性。因此關於這一點不必作過多的哲學思考[30]。

笛卡兒的回答等於什麼都沒有說。靈魂是非物質體，它的作用不可能類似重量。其次，關於靈魂與肉體的結合，依照笛卡兒，是無法理解，亦無法說明的，不必白費心力，多加思考。所以他根本沒有回答這個問題。

伊利沙白公主又寫說，我們更容易說靈魂具有質料與延積，而不容易說靈魂能夠推動物體或被物體推動。笛卡兒的回答是，她那樣說也無妨，因為說靈魂具有質料與延積，只是說它與肉體結合在一起[31]。

---

[29] Kenny, p. 223.

[30] AT, III, p. 665.

但是這樣的問與答，似乎都欠妥當。首先，如果能夠說靈魂具有質料與延積，則應該可以說靈魂能夠推動物體或被物體推動，因為物體推動物體是自然現象，可以理解。所以伊利沙白公主所提出的意見似乎不值得解答。其次，說靈魂具有質料與延積，絕不等於說靈魂與肉體結合在一起。因為靈魂是無延積的思想體，而且是獨立的實體，它與肉體結合，不等於本身具有延積。所以笛卡兒的答案只是逃避問題而已㉜。總之，關於靈魂與肉體如何相互作用的問題，笛卡兒始終無法交待清楚。

三、靈魂之情

關於情的問題，可以從心理學的觀點來討論，也可以從倫理學的觀點來討論。這兒我們是從心理學的觀點來討論。從這個觀點來看，情是整個兒人的感受或行為，但是笛卡兒卻稱之為「靈魂之情」，正像知覺都是靈魂的知覺那樣。

笛卡兒晚年寫了一本小冊子，《論靈魂之情》(*The Passions of the Soul*)，收在《笛卡兒的哲學著作》中㉝。有些地方他講得非常細，把每一種情都詳加分析，而且往往從生理學的觀點加以分析。我們現在只想提綱挈領地加以敘述，盡力掌握他的重點，以顯示他對人的哲學觀點。

首先，情有什麼意義呢？所謂情是指靈魂之知覺 (perceptions)、

㉛ AT, III, p. 677.

㉜ 同上。

㉝ 就是我們引用的 HR 本。

感覺 (feelings)，或情感 (emotions)，它們都是由氣的運動所引發，所保持，所強化的[34]。

情顯然不同於靈魂的其他思想，因為情是由氣的運動所引發，所保持，所強化的，而氣的運動屬於肉體。所以情不是靈魂單獨完成的活動，而是與肉體合作的成果，並且始終有肉體的積極參與。但是靈魂的其他思想，如上帝存在、第一原理、自我存在等等，是根據天生的觀念，假定沒有肉體，靈魂照樣具有那些觀念和那些思想。然而若沒有肉體和氣的運動，則無法產生情，所以說情與其他思想是不同的。

笛卡兒大都是從生理的觀點去講情。有些氣的運動產生喜的情，有些產生悲的情，有些產生愛的情，有些產生恨的情等等。但是一切情都是在這樣的方式下產生的嗎？是否有些情是由觀念或別的因素所引發的呢？笛卡兒似乎未曾討論。總之，關於情的問題，似乎不可能單單從生理方面去說明。他把人的複雜心理過程太過簡化了。他走的路子倒像是經驗主義或唯物論所走的。唯物論者以為，一切思想也都是生理過程。只要我們了解了腦子的生理變化，我們就會明白人的一切思想的發生。

情有多少種呢？笛卡兒列舉了十五種：

1. 驚奇 (wonder)。

2. 重視與輕蔑 (esteem and disdain)，慷慨或驕傲與謙虛或自卑 (generosity or pride and humility or poor-spiritedness)。

3. 尊敬與輕蔑 (veneration and disdain)。

4. 愛與恨 (love and hatred)。

---

[34] HR, I, p. 344.

5. 欲望 (desire)。

6. 希望、恐懼、忌妒、自信、絕望 (hope, fear, jealousy, confidence and dispair)。

7. 猶疑、勇敢、勇氣、爭勝、懦弱、驚怖 (irresolution, courage, bravery, emulation, cowardice, terror)。

8. 不安 (remorse)。

9. 喜悅與悲傷 (joy and sadness)。

10. 蔑視、妒忌、憐憫 (mockery, envy, pity)。

11. 自滿與懊悔 (self-satisfaction and rependance)。

12. 施惠與知恩 (favour and gratitude)。

13. 不悅與忿怒 (indignation and anger)。

14. 驕傲與羞恥感 (pride and shame)。

15. 厭惡、悔恨、高興 (disgust, regret, gaiety)[35]。

以上十五種之中，主要的有六種，其他情都是由這六種演變而來。這六種是：驚奇、愛、恨、欲、喜、悲[36]。這跟中國傳統上所說的七情（喜、怒、哀、樂、愛、惡、欲）稍有出入，然而都是講情。

笛卡兒給每一種情都下了定義。其中愛與恨的定義似乎比較重要，我們以舉例的方式把它們引述如下：

> 愛是靈魂的一種情，它激發靈魂，使其渴望與對象結合。恨是靈魂的一種情，它激發靈魂，使其渴望與對象分離[37]。

---

[35] HR, I, pp. 358–361.

[36] HR, I, p. 362.

這些定義是很有價值的。他指出，愛的本質是使人與對象結合。如果對象不是人而是物，則渴望佔有它。恨的本質是使人與對象分離，甚至把它除掉，使它永遠消失。一般人對於愛情有不同的理解，然而我們必須掌握愛的本質，其他的意義大多是偶然的或次要的。

凡自然的東西都有它的功能與價值，情也有它的功能。依照笛卡兒，靈魂之情能夠激發靈魂，使它欲求（或逃避）某些事物，以便為肉體做好準備工作。例如，恐懼感激發靈魂，使其希望逃走；勇氣激發靈魂，使其希望戰鬥；愛激發靈魂，使其希望與對象結合或佔有它；恨激發靈魂，使其希望與對象分離，或除掉它等等㊳。

靈魂與肉體能夠互相影響，互相作用，一如上述。不過，笛卡兒指出，靈魂是完全自由的，因此肉體對它只能有間接的影響，不能有直接的影響。反過來，靈魂卻能透過腺體和氣的運動指揮肉體。例如，靈魂能夠隨意想像，或集中注意，而不受肉體的支配，但它也能推動肉體，使其有所行動㊴。

現在，情是由肉體所引起的。而且情有過與不及。那麼靈魂能否影響這些情呢？依照笛卡兒，靈魂對於情只有間接影響力，而無直接影響力。例如，面對危險時，我希望有勇氣，為的是排除恐懼。我不能保證，我想有勇氣，就有了勇氣，或者我想排除恐懼，就排除了恐懼。但是我能夠考慮危險性不大，或者考慮到戰鬥的光榮與逃避的可恥，如此我就能夠產生勇氣，而排除恐懼。換句話說，我只能間接地影響我的情㊵。

㊲ HR, I, p. 366.

㊳ HR, I, p. 350.

㊴ HR, I, pp. 350–351.

由於靈魂只能間接地影響情，因而有些時候有些情是無法控制的，反而顯得十分霸道，十分猖狂。為什麼會有如此的現象呢？因為情是由氣和血液的運動所引起的，並且這些運動是依照生理法則（和心理法則）所產生的，靈魂並不能直接控制那些自然法則，正像當我渴的時候，我不能直接控制我的渴那樣㊶。

不過，依照笛卡兒，靈魂還是有辦法控制情的。首先，靈魂控制情的力量與知識成正比。知識愈高，控制情的力量愈大。如果一個人認識了真理，則他就具有較大的控制情的力量。這個思想跟程伊川所講的知行頗有相似之處，因為程子也主張，一個人能不能行，肯不肯行，全在於知。如果一個人有了真知，或知得深，則他必能行，亦即必能克服人欲的干擾。相反，如果一個人知得淺，則他未必能行，亦即不能克服人欲的干擾，這即是說，知得深，或實見得，能夠增加我們行的力量，增加行的力量包括控制人欲的力量。因此程子強調致知。

其次，良好的輔導與訓練也能幫助靈魂控制情。依照笛卡兒，靈魂在良好的輔導與訓練之下，必能絕對地控制一切的情㊷。這個觀念相當於儒家所說的修養。依照儒家的學說，一個人有了適當的修養，則可存天理，去人欲，而達到聖的境界，亦即從心所欲而不踰矩的境界。

㊵ HR, I, pp. 351–352.

㊶ HR, I, p. 352.

㊷ HR, I, pp. 355–356.

第九章　倫理學

笛卡兒一生都在忙著建立知識論、形上學，和一些自然科學。對於倫理學，他卻沒有專門著作。不過，在《方法論》第三部，他寫了一篇有關倫理的問題，稱為〈暫時的倫理學〉❶。我們這兒的討論即是以這一篇為主要資料。同時，我們也要指出，這篇文字雖然簡短，然而卻有相當的價值；依筆者所見，這一篇比起他的知識論和形上學更接近真理，更值得我們注意，對我們的生活更有幫助。

這篇文字是在《方法論》的上下文中。《方法論》的主題是討論懷疑和懷疑的理由，以及如何從懷疑中把自己解救出來。因此我們必須從《方法論》的上下文中去了解這篇文字的意義。

他說，當我們要改建一棟房子的時候，當然要把舊房子拆掉，然後購置材料、聘請工程師、擬定藍圖等等。然而同時，我們還要準備一棟房子（譬如租一棟，或搭建一棟臨時的），為的是在建造新居之時，有一個舒適的住所。同樣，當理智在認知上陷入懷疑的時候（也即是準備拆除舊理論，舊信念的房屋的時候），為了使我的行動能夠持續，並且保持一個安定幸福的生活，我就擬定了一種暫時的倫理規則❷。

---

❶ HR, I, p. 95.

❷ 同上。

按笛卡兒本來有意寫一本永久的倫理學。但是，不管為了什麼理由，他並未實現這個願望。那麼這些暫時的倫理規則中是否包含了永久的成分呢？對於這個問題，有人提出了下面的意見，似乎值得參考。

1. 一部完美的倫理學假定了其他一切知識。然而在此階段（懷疑階段），關於醫藥、工程、哲學諸類的知識，尚未建立，所以無法建立永久的倫理學。

2. 但是笛卡兒在致伊利沙白公主的信中指出，《方法論》中的倫理規則對於引領人到達至善，獲得幸福，是必需的，也是足夠的。可見在笛卡兒的心目中，這些倫理規則已經具備了某種的永久性，只是需要將來加以補充而已。

3. 事實上，《方法論》中的倫理規則使我們不易分辨出哪些是暫時的哪些是永久的❸。

總之，笛卡兒認為，在行為上不應像在理論上那樣猶疑不決。理智追求真，一切蓋然的真理都和偽的一樣，不值得我們去追求。行為的對象是善，而蓋然的善與惡不同，不可一概揚棄。惡當然是不應該選擇的，但是在不能確知什麼是最善的時候，則應該選擇蓋然的善❹。

笛卡兒建立的倫理規則共有三條：

第一條，服從國家的法律和習俗，繼續保持自孩提時由祖先傳

錢志純譯，《我思故我在》，臺北：志文，民國 61 年，頁 134。（以下簡稱「錢本」）

❸ 錢本，頁 135。

❹ 同上。

下來的宗教信仰（天主教信仰）。在其他事情上，則跟隨最穩妥、最中庸的意見，因為那些意見都是被最明智的人士所接受，所奉行的。因為他覺得，自從他決定檢查他所有的思想和意見，而將它們視為無物時，他就深信，沒有比跟隨那些智者的判斷更妥當的了❺。

為什麼他首先強調要服從他的國家的法律和習俗呢？理由很簡單：環境的要求。他說：

> 雖然在波斯人和中國人中可能也有智者，如同我們這兒一樣，但是在我看來，使我的行為符合與我共同生活的那些人的觀念是最方便的了❻。

然而這是不是說，凡是那些智者所說的話都要相信，而且都要實踐呢？對於這一點，笛卡兒說：

> 不過，為能確知哪些是他們真正的意見，我們應該觀察他們做了什麼，而不是他們說了什麼。一則因為在世風日下的今日，少有人願意全盤說出他們所信的，二則因為有許多人根本不知道自己信什麼。因為，我們相信一物的思想行為，有別於我們知道我們相信一物的思想行為，可知兩者能夠單獨存在❼。

---

❺ HR, I, p. 95.

❻ 同上。

❼ 同上。
錢本，頁 136。

上面他說，他喜歡選擇合乎中道的意見，而不喜歡極端，對於這一節，他做了下面的說明。第一，這些意見通常最容易實踐，並且大概是最好的（一切極端通常都是壞的）；第二，假定我們選擇錯了，那麼，我們選擇了中道，比起選擇了極端來，離開正道不會那麼遠❽。

但是，所謂極端是指的什麼呢？笛卡兒提出了一種具體的狀況。他認為，凡是限制我們自由的一切誓言或約定都是極端。這並不是說他輕視那些准許發誓或訂約的法律。因為，他說，當我們有了一個美好的計畫時，那些法律迫使我們實現那個計畫，以防範心地薄弱的人反覆無常，甚至在完全不涉及好壞的商業方面也可以有這樣的約束，以保障當事人的安全。而是因為，他看到，世上的事物沒有一件是永久不變的，同時他希望使自己的判斷變得更好，而不要變得更糟（亦即更有進步），那麼，如果由於我們以前贊成一件事，後來它可能不那麼好了，或者我們不認為它那麼好了，而我們仍舊必須認為它是好的（因為我們立下誓言或訂下了約），則我們就是犯了違背良知的大錯❾。

以上這條規則說明了笛卡兒處世的態度。他認為，理論與實踐是兩個不同的領域，因而我們對待這兩個領域的態度也必須有差別。因此，他將理論方面的真理全部置於懷疑的範圍之內，而將實踐置於懷疑的範圍之外，對於傳統宗教、地方政府、國家法律，都小心翼翼地繼續信仰與服從，而不輕談改革。有一次，一位名雷維伍(Revius)的牧師問笛卡兒信什麼教。他毫不猶豫地答說，「我信我主的宗教」、「我信我乳母的宗教」。

---

❽ HR, I, p. 95.

❾ HR, I, p. 96.

他之所以把理論與實踐作了如此的區分，主要是因為，涉及實踐的事項，往往必須當機立斷，不能等待明顯的證據。理論則不需要立刻採取行動，在沒有明顯的證據時，不必，而且不應該有所決定。在理論範圍內的事，必須以明顯的事實或真理為滿足。但是在實踐範圍內的事，往往只能以蓋然的真理為滿足。據此而論，第一條暫時的倫理規則實際上亦是永久的，因為它具有永久的價值❿。

笛卡兒這個思想使我們想起亞里斯多德。亞氏在其倫理學中指出，不同的科學有不同的形式對象。不同的形式對象有不同的確定性。倫理學的對象往往不容許我們具有絕對的確定性。因此在倫理學上，我們必須滿足蓋然的確定性，亦稱倫理的確定性 (moral certainty)。

第二條暫時的倫理規則是這樣的：

> 在行為的實踐上要盡量堅決果斷；即使我們發現某些意見十分可疑，但是，既然我們做了決定，接受了它們，就要把它們當作確定的，堅持到底⓫。

這是這條規則的主要部分。接下去他又加上了一些說明。他指出，在這方面，我們應該模仿旅行的人。當他們在森林中迷了路時，他們知道，不應該一會兒往這邊走，一會兒往那邊走，更不應停留在一個地點，而是應該朝著一個方向一直地前進，不能為了一些輕微的理由就改變方向——即使當初只是偶然地做了這個選擇，也是一

❿ 錢本，頁 99。

⓫ HR, I, p. 96.

樣。這樣做的話，即使不能達到他們要去的確定地點，至少會達到一個地點——大概比在森林中更好的地點⓬。

因此，他說，既然在實際生活中，事情往往不允許我們遲疑，那麼，當我們無法分辨哪些意見是最真確的時候，我們就應該隨從那最可能是真的意見；即使我們看不出一個意見比另一個更真或更好，我們仍舊應該下定決心，跟隨一個，然後，在實踐時，不再把它當作可疑的，而要把它當作十分可靠的，因為促使我們作此決定的理由就是如此的⓭。

接下去，他結論說，這條原理能夠使我們免於懊惱和不安。事實上我們都知道，有些軟弱和容易動搖的人經常受到懊惱和不安的困擾，因為他們不斷地改變既定的程序，一會兒認為某些事情是好的，一會兒又認為它們不好，變來變去，搖擺不定⓮。

這第二條暫時的倫理規則所規定的也是我們在生活中應有的態度。如果有一件事不得不做，那麼，即使對這件事我們缺乏清晰的認識，也要果斷地去實踐。因為朝三暮四，猶疑不決，絕非成功之道。所以，一旦作了選擇之後，就一定要努力實行，貫徹到底，這才是成功的開始。當然，如果後來理智獲得了絕對清晰的知識，明顯地知道了應當改變，則這條規則便喪失了它的暫時效用。不過，即使是在這樣的情況下，這條規則依舊具有它的意義：它指示我們應該常常果斷地服從理性的指引，不要讓情感或情慾左右理智的抉擇⓯。

⓬ 同上。

⓭ 同上。

⓮ 同上。

第三條暫時的倫理規則是這樣的：

> 我寧願努力克服自我，勝於克服命運，寧願改變我的欲求，勝於改變世界的秩序；一般地說，我要訓練自己，使自己相信，除了我們自己的思想以外⑯，沒有一樣事物完全在我們控制之下。因此，對於身外之物（或事），當我用盡了一切能力之後，如果再不成功，那就是非我能力所及的了⑰。

以上是第三條規則的主要部分。接下去他又作了一些說明，大意如下。他說，單單這一條就足以使我不再貪圖我實際上無法獲得的東西，因此我也心滿意足了。因為，我們的意志是自然跟隨理智的，只有理智認為可能獲得的東西，意志才去追求。那麼，如果我們把我們身外的一切美好事物視為我們能力以外的事物，則缺少了它們的時候，只要不是我們的錯，我們就不會覺得懊喪，就像是缺少了原來不屬於我們的東西，或者沒有掌握中國或墨西哥的江山那樣。俗語說，我們能夠「化必然為德行」。那麼，就像我們不希求擁有一個像金剛石一般不易毀壞的身體，或者擁有一對能如鳥兒一般飛翔的翅膀，同樣，生病時，就不希望是健康者（如同沒生過病那樣），坐牢時，就不希求是自由人（如同從未坐牢那樣）。那都是在我們能

---

⑮ 錢本，頁 99–100。

⑯ 「思想」一語在笛卡兒的哲學中指心靈的一切活動，包括理智的認識行為、感官的認識行為，和意志的抉擇行為。依照笛卡兒，意志能夠控制一切思想行為。

⑰ HR, I, pp. 96–97.

力之外的。

笛卡兒承認，若要使自己習慣於如此接物或處世，並非易事，而需要長期的修煉和一再的反思。他認為，古代哲人（如斯多哥派）之所以能夠擺脫命運的束縛，置貧病於身外，與神祇較量幸福⓲，其秘訣即在於此。因為他們日以繼夜地研究大自然加給他們的限制，因而深信，除了自己的思想之外，沒有任何東西屬於他們權下。單單這一個信念就足以使得他們不再希求別的事物了。如此，他們既能絕對地主宰自己的思想，因此他們自認比別人更富裕，更有能力，更自由，更幸福；因為別的人，無論他們擁有了多少自然的或命運的幸福，如果缺少了這樣的智慧，則他們絕不能達到他們的目標——幸福的生活⓳。

這第三條規則是說明自我改造的原則和清心寡欲的方法。他指出，與其想克服環境，不如設法克服自己；與其想改變世道人心，不如改變自己的思想。因為他相信，除了思想之外，沒有東西完全在我們的掌握之中，只有思想完全受我們自由意志的控制。此外，他認為人之可貴，在於知道運用自己的官能，砥礪自己，與上帝抗衡⓴。

這條規則實為笛卡兒修身養性的基本法則。他是藉斯多哥派的倫理思想發揮自己的倫理精神。這即是說，他以理智為導師，以智

⓲ 依斯多哥派之說，神的年紀高於智者，但其幸福則與智者相等。

⓳ HR, I, p. 97.
錢本，頁 138–139。

⓴ *Lett. à Elizabeth*, 4 Août, 1645.
錢本，頁 100。

慧為修養的理想境界。他在寫給伊利沙白公主的信中說：

> 除了欲望和懊喪，沒有東西能夠阻止我們心滿意足。但是，如果我們常常遵循理性的指示，則我們就沒理由懊喪。即使後來事實證明我們受了欺騙，我們仍是無辜的。例如，我們不希望擁有更多的手臂或舌頭，但是我們卻希望擁有更好的體格和更多的財富。我們之所以如此，就是因為我們知道，這些東西我們能夠獲得或屬於我們的能力範圍之內，那些東西不能獲得。因此我們不會為了那些東西而懊喪。現在，既然我們常常依照理智去做事，凡能夠做到的都做了，而且我們也知道，疾病與災患之發生皆出於自然，正如幸運與健康也是出於自然一樣（因此我們就不必懊喪，而可以心滿意足了），這乃是人類到達至善及幸福生活的唯一方法㉑。

他又說：

> 雖然小的容器容納較少的液體，但是它也可以裝滿，如同大容器一樣。因此，如果每個人都將自己的滿足置於受理智管轄的欲求上（服從理智的領導），那麼，就連那些最貧窮，最不幸運，最缺乏天才的人也能同樣地心滿意足——儘管他們享有的財物微不足道㉒。

㉑ *Lett. à Elizabeth*, 4 Août, 1645.
錢本，頁 100–101。

㉒ 同上。

據此可知，斯多哥派的規誡，在笛卡兒的詮釋與發揮之下，其原意更加明顯了：它使人注意自己的能力與限度；一個人的欲求必須和他的能力配合。唯有如此才能達到真正幸福的境界。以上三條是笛卡兒的主要倫理規則。它們雖然簡短（也許過於簡短），然而卻顯示了笛卡兒的實踐智慧及其尊重理智或良知的特徵。

最後，他本想對社會上各種各類的職業作一檢討，以便做個最佳的選擇。但是對於別的職業他並未討論，只是決定留在他目前的職業上，就是全心全力培養他的理性，按照他既定的方法（一如《方法論》中所規定的），追求真理——研究哲學。因為他覺得，自從他開始遵循這個探求真理的方法以來，他獲得了極大的快樂，他甚至相信，沒有人能夠獲得比他的更甜蜜、更純潔的快樂了。他的快樂是如此的強烈，以至於對其他一切事物，一切事件，都無動於衷了㉓。

笛卡兒在提出了倫理規則之後，又討論到善惡的判準。他指出，每一個人都擁有「分辨是非之光」，因而都能做「最適當的判斷」。這個分辨是非之光似乎就是良知。這個良知是上帝所賦與的。同時他主張，只要判斷正確，就必能行，因而也必能達到至善的目標。因為，依照上帝的安排，意志自然跟隨理智。理智認為善的，意志自然去追求，理智認為惡的，意志自然要逃避。所以，只要有正確的判斷，即可修成大德，止於至善㉔。

麥西諾神父看了笛卡兒這一段之後，不同意他的看法。因此笛卡兒在 1637 年 4 月 27 日寫信給麥西諾說：

㉓ HR. I, pp. 97–98.

㉔ HR. I, p. 98.

> 你不贊成我的說法，就是，若要行得好，只要判斷得正確就夠了。然而照我看來，這原是經院哲學裡的一個普遍學說。這即是，除非理智在善的觀點下將惡顯示出來，則意志不會去追求惡。所以俗語說，「一切罪惡皆出於無知。」所謂判斷得正確，是指判斷符合事實。當然，若要使一個判斷成為行的充足條件，它必須是明顯的。唯有在這樣的情況下，意志才會服從它的指示㉕。

笛卡兒這段話又使我們想起程伊川和王陽明。伊川將道德之知分為兩種，一是知得深或實見得，一是知得淺或不實見得。一個人只要知得深或實見得，則必能行。若不能行，那必是因為知得淺或不實見得。他舉的一個例子是，大家都知道老虎可怕，但是沒有受過老虎傷害的人，聽人家談及老虎時，並不覺得那麼可怕；然而曾經受過傷害的人，聽人家談及老虎時，則怕得發抖。兩者的差別就在於一個知得淺，一個知得深。陽明也說，知行本是合一的，知了必能行；知而不行，只是未知。

但是，依筆者個人所見，他們這些人似乎犯了兩個錯誤。一個是低估了私慾的力量，另一個是高估了意志的能力。人生而有私慾，喜歡貪：貪財、貪利、貪名、貪權、貪樂。當這些貪慾變得強烈時，我們就什麼真理都不顧了，不惜使一切手段來達成自私的目的。在此情況下，說謊、欺騙、姦淫、暴力，對他來說，都是合法的。我們的意志，在自然的狀況下，確是喜歡服從理智的領導。但是一般人的意志都很軟弱，遠不如私慾的強而有力。在跟私慾較量之下，

㉕ 錢本，頁 141。

通常是私慾佔了上風。唯有聖人才能夠「從心所欲，而不踰矩。」所以，我們在討論知行的問題時，必須正視這些事實，而不可把私慾的問題輕輕帶過。據此而論，孟子的性善論亦應作更客觀，更公正的詮釋。若只憑著儒家的成見，一味袒護孟子，把私慾排除於人性之外，只談仁義禮智四端，則他們所談的並非整個兒的人，而是人的一部分。但是人的生命很複雜，絕不只包括那一部分。那樣的一偏之見對社會的前途沒有什麼幫助。相反，必須針對整個兒實際情況，研究對策，才能希望有所收穫。

第十章　物質世界❶

笛卡兒在最後一篇（第六篇）沉思中重新肯定了物質世界的存在。在這之前，他曾兩次提到有關物質世界的問題。第一次是在第二篇沉思中，他問，如果它存在的話，它應該是怎樣的。第二次是在第五篇沉思中，這兒他提到「物質物的本質」。

第二篇沉思中那段話❷令人相當困惑，那兒的上下文是這樣的，他首先肯定了自我的存在，然後考慮到自我的本質。他結論說，自我是一個「思想體」。雖然在此階段他只知道自我存在，只對自我的本質具有清晰的觀念，然而仍有一個通俗的思想一直呈現出來，這即是：

> 思想形成物質物的形象，並且感官知覺到它們。我們更清晰地認識它們勝於認識我隱晦的那一部分，因為那一部分是不能想像的❸。

---

❶ 關於這個問題，請特別參閱 B. Williams, *Descartes: The Project of Pure Enquiry*, New York: Penguin Books, 1978, p. 213.（以下簡稱 B. W.）

❷ HR, I, pp. 154–156.

❸ HR, I, p. 153.

B. W., p. 213.

為了證實這個通俗的思想，於是他轉過來考察「物質物」的觀念。他考察的結果是這樣的。依照一般人的想法，我們認識物質物比認識心靈更容易，也更清楚。對笛卡兒來說，這個想法是錯誤的。這即是第二篇沉思的重點所在，一如題目所指出者（論人心的本性：他比物體更容易被認知）。這段文字非常重要，我們把它引在下面：

> 我們來考察一下，一般人認為他們知道得最清楚的東西就是摸得到、看得見的物體。不過，我們不去考察一般性的物體，而是要考察一種特殊的物體，因為一般性的知覺通常容易混淆。譬如，拿這一塊蠟來說吧。我們剛剛從蜂房裡把它取出來，它尚未失掉蜜的味道，它仍保留著花粉的芳香；它的顏色、形狀、大小，清晰可見；它是硬的、冷的、容易移動的；如果你用手指彈它，它會發出聲音。事實上，凡是為清楚地認識一個物體所需要的特徵，它都具備了。但是現在，就在我說話的時候，我們把它帶到火的旁邊兒，它的甜味消失了，它的芳香蒸發了，它的顏色改變了，它的形狀不見了，它的體積增加了，它變成了液體，而且是熱的，不容易用手移動它，你用手指去彈它，它沒有聲音。在這一切變化之後，那塊蠟仍存在嗎？我們必須說它仍存在，這一點沒有人否認，也沒有人懷疑。那麼我們在這塊蠟中所清楚認識的是什麼呢？顯然不是我們憑著感官所知覺的東西，因為凡是味覺、嗅覺、視覺、觸覺、聽覺所感知的東西都改變了，而那塊蠟依舊存在。也許它是我思想的那樣——蠟本身並沒有蜜的甜味，或花的芳香，也沒有白色，或形狀，或聲音，它只是一個物體，

> 不久以前在這些形式下呈現出來，如今又在不同的形式下呈現出來。那麼，我現在所設想的到底是什麼東西呢？我們來考慮一下：把不屬於蠟的那些東西除掉，看一看還剩下什麼。顯然地，它只是一個有延積、可伸縮，以及可改變的東西。

接下去，笛卡兒研究，蠟的基本性質是否可以想像，也即是說，是否能夠在圖像的形式下掌握它。他結論說，不能。因為他可以設想，這個有延積、可改變的物體，能夠有無窮的變化，然而我們不可能以圖像的形式想像那些變化。

> 因此我必須承認，我無法憑想像知道蠟是什麼，而只能憑悟性去了解它。我所說的是指這一塊蠟；關於一般性的蠟，那就更明顯了。那麼，唯有悟性才能了解的這塊蠟到底是什麼東西呢？它就是我看得見、摸得到、想像得到，以及我從一開始就相信它存在的那個東西。但是（這一點很重要），知覺到它的不是視覺，或觸覺，或想像力；儘管當初看起來像是如此，其實根本不是如此。知覺到它的只有悟性。這個知覺能夠是不完全的、混淆的，如同以前那樣，或者也可以是清晰的、分明的，如同現在這樣。其所以如此，乃是由於我對它所蘊含的那些東西注意得多少的緣故。

接下去，笛卡兒指出，在這方面，因了一般語言的關係，我們很容易犯錯。他說：

> 如果蠟是存在的（呈現在我們面前的），則我們說，我們看見了蠟本身，而不說，根據它的顏色和形狀，我們判斷它是存在的。據此我們可以結論說，我們是憑著眼睛的觀看認識了蠟，而不是單單憑著心靈的了悟。假定我偶而從窗口瞥見有些人在街上行走，根據一般的說法，我應該說，我看見了他們，如同我說我看見了蠟一樣。然而事實上，除了帽子和外衣，我看見了什麼呢？那些戴著帽子，穿著外衣的，可能是機器人哪！然而我判斷說，那兒是人。因此，我以為我是用眼睛看見的東西，事實上我只是用心靈的判斷去了解它。

最後，根據這些現象，笛卡兒結論說，他認識自己的心靈勝於認識物質對象。因為，他對於這些東西的知覺和判斷都含蘊著一條真理，就是，他是一個存在的思想體。即使那些對象並非真地存在那兒，但他確知他擁有它們的印象，如同它們在那兒一樣，因此他能夠判斷說，它們在那兒。所以他結論說，他能夠堅決地揚棄一般人的那種成見，就是我們認識物質勝過認識心靈❹。

笛卡兒關於蠟的討論包括五個要點如下：

1. 蠟的同一性不在於可感的性質，因為這些性質能夠改變，而蠟本身依舊存在。

2. 蠟本身只是一種有延積、可伸縮、可改變的東西。

3. 蠟本身不能為感官或想像力所知覺，只能被悟性所知覺。悟性的知覺能夠是清晰的，也能夠不那麼清晰。

4. 我們憑悟性所知覺到的和我們憑感官所知覺到的是同樣的東

---

❹ B. W., p. 215.

西。

5. 我們通常稱為「看見」的活動（其他知覺活動也是一樣），其實就是判斷，或本質上包括判斷。

上面我們說，笛卡兒關於蠟的這篇言論令人困惑。因為關於這篇言論能夠有不同的詮釋。

首先，關於第 1 和第 2 兩項，一個可能的詮釋是，基本上，這是一個「形上學」的理論，其目標是要說明物質對象的本質或本性，在這兒，是指一塊蠟的本質或本性。這個理論是以傳統的同一性和本質兩觀念的關係為基礎：一物之本質即是一物之為一物的要素，而一物之為一物的要素即是使其保持同一之物——不管此物在其他方面如何改變。笛卡兒在討論自我的本質（思想體）時，已經使用過這些概念。他在那兒指出，因為自我的本質是思想，所以自我常常在思考。現在，如果說本質與同一性的聯繫是這一段話的主題，則其論證應該是這樣的：

> 蠟的一切可感的性質都可以改變，而蠟保持不變。
> 但是它的本質是使它保持同一不變者。
> 所以它的本質不在於任何可感的性質。（這即是說，關於它的本質的陳述或說明不會提及可感的性質。保持同一者，只是那有延積、可伸縮、可改變的東西。）

如果我們對第 1 第 2 兩項採取這樣的觀點，則其餘各項，尤其是第 3 項，將是由前項導出的一個知識論上的結論：既然一物之本質不在於可感的性質，則我們不能憑感官去掌握一物的本質，因此我們不能憑著感官認識物質物。

如果這個詮釋真的代表笛卡兒的思想，則笛卡兒的推理顯然是無效的。因為，根據一物之性質在某環境下可以改變這一事實，並不能結論說，關於該物之本質的陳述不可涉及那個性質。例如，一物之冰點或沸點可能含蘊在關於該物之本質的陳述中。同樣，蠟之為蠟的本質可能含蘊這個特性，就是，當它受到烘烤而熱度增加時，它的顏色、組織，等等就會改變：如果一塊物質沒有如此的現象，則我們即可確知，它不是蠟。果真如此，則不能說，關於蠟之本質的陳述不可涉及它的顏色和組織——相反，必有這樣一個指涉：指涉它在顏色及組織方面改變的可能性。若謂可變的性質不能包括在一物之本質的陳述中，這個話是不妥當的，因為，它好像把兩個完全不同的意思混淆在一起了：關於事物之本質的陳述應該是永久的、必然的，不應因了環境的改變而改變；但是，若謂這樣的陳述不能「指涉」可變的性質，則這個話與上面的意思完全不同，而且是錯誤的。

這個話對可感的性質來說也是有效的。有的性質，譬如石蕊色質試紙的顏色，它可以由這一種變為另一種，有的則可以完全消失，像蠟的味道、芳香，和聲音那樣。這些現象都不能證明關於蠟之本質的陳述不能指涉那些性質。因為很可能蠟的本質即是如此的：在某些狀況下有氣味，在別的狀況下則沒有。既然這是可能的，則我們對於上述的推理就應該特別小心了。依照笛卡兒，具有香味不能屬於蠟的本質，因為這塊蠟在加熱之後，它仍是蠟，然而沒有香味了。在一種意義下，這個話是對的，就是說，在某些情況下，一物能夠是蠟，而沒有香味。但我們仍不能因此結論說，香味的性質與蠟的本質不相干。因為，可能在另外的情況下，只要是蠟，它就非有香味不可。就此意義言，香味仍舊屬於蠟的本質。

與此相關的還有另外一個困難。假定我們不談芳香、味道等等這些性質，因為它們能夠完全消失，但是顏色的情形是完全不同的。因為，儘管蠟在某種狀況下完全沒有香味，但是無論在什麼情況下，至少就笛卡兒所舉的例而言，不會完全沒有顏色。因此我們可以說（就他舉的例而言），顏色常是蠟的一種特性。或有人說，那是不夠的，因為笛卡兒所尋找的是蠟之確定且固定的性質。這個回答無濟於事。因為，按照笛卡兒的結論，蠟的基本特性是「延積」，亦即有空間性。與延積分不開的是形狀和體積，因而它必須佔據一個地方。但是，依照笛卡兒，蠟的形狀可以改變。因此，蠟的基本特性是「延積」，而不管它具有怎樣的形狀，正如笛卡兒所說，蠟的基本特性是「有延積、可伸縮、可改變」。現在，如果說「可伸縮」、「可改變」（無固定形狀）的延積可以作為蠟的基本特性，為什麼可改變的（不固定的）顏色不能作為它的基本特性呢？但是笛卡兒只承認延積是蠟的基本特性，而不承認顏色是它的基本特性。

這兒的批判有一個預設：如果這段文字是討論本質的，則它討論的是「蠟」的本質。那麼，這兒的問題是：

　　什麼東西使得蠟成為蠟？

這個問題與另一個問題是很不同的，這即是：

　　什麼東西使得物質成為物質？

關於這個問題，笛卡兒在《哲學原理》II，頁 11，討論過。在那兒他也提到可感的性質，並且將它們排除了。理由是，我們可以思考物質體，而不涉及任何可感的性質。不過，即使是在那兒，他的論證也是無效的。因為他要證明的論點是，物質物的本質只在於延積，而不在於任何可感的性質。但是，說「我們能夠思考物質物，而不思考任何一個特殊的可感的性質」，不等於說「我們能夠思考一個物質物，而這個物質物不含有任何可感的性質。」笛卡兒似乎並未注意到這個差別。假定他只是討論一般性的物質物概念，他的論說也許可以成立。但是他強調，他並非討論一般性的物質物，而是討論蠟，並且只討論這一塊蠟。

據此而論，我們又馬上想到另一個問題：

什麼東西使得這一塊蠟成為這一塊?

或有人說，這個問題應該借助於第一個問題的答案來求解答：假定事實上它是「這一塊」的必要特性，則它應該是「蠟」的必要特性。然而事實上，笛卡兒並不認為某一特殊之物必然是蠟；也即是說，沒有這樣的一種特殊之物，如果它不再是蠟時，它就因此不存在了。事實上，物質物所擁有的唯一基本特性是物質性。所以，什麼東西是「這一塊」的基本性質，並不明顯。

上述第三個問題可能提示另一種詮釋。這個詮釋是根據笛卡兒所說，「蠟本身不是甜，也不是香，也不是白。」這些話的意思可能是說，笛卡兒的興趣不在於區分什麼是基本性質，什麼不是基本性質，而是在於找尋一個「主體」，它不具有任何特性。這是另一個傳統學說，也跟同一性有關。一物之特性可能改變，而此物不變；這暗示著一個持續主體的概念（可以稱為實體）；它在不同的時段具有不同的特性。如果笛卡兒所尋找的就是這個實體，並且他的推論就是要發現這個實體，那麼他就不必擔心人們對上一個詮釋提出的責難了，這即是，某物的一個基本性質可能就是這樣的：在某一時段具有一個可感的性質，在另一時段具有另外的可感的性質。不過，問題依舊存在：具有這個基本特性並且具有各種可感的性質的東西到底是什麼呢？

如果說這是論證的起點，而這個起點是屬於形上學的，那麼整個論證的程序是由形上學的起點走向知識論的結論。笛卡兒首先指出，有些基本特性呈現在我們面前，它們背後有個實體支持它們。於是他結論說，感官不能認識這個實體，悟性才能認識它。然而這個結論是怎麼來的呢？為了使這個推理有效，笛卡兒似乎需要採用巴克萊用過的一個前提，就是，「凡感官所知覺的東西都是可感的性質。」其形式如下：

> 當蠟之可感的性質改變時，蠟本身依然存在；它是可感的性質的主體或實體，支持著流動變化的性質；我們能夠認識它。但是我們藉感官所知覺的一切都是可感的性質。

而這些性質與實體有區別。

> 所以我們之認知實體不是藉著感官。

這個詮釋可能更接近笛卡兒的思想，但是它仍舊含蘊著一些困難。首先，我們無法確知，笛卡兒是否同意於我們補充的那個前提，就是，「凡感官所知覺的都是可感的性質。」因為這個前提跟上述第 4 項有衝突，就是，「我藉感官所認識的和我藉悟性所了解的是同一物。」如果我藉悟性所了解的是實體，而實體與可感的性質不同，則第 4 項不能成立。

其次，還有另外一個困難。這即是，如果笛卡兒的興趣在於區分實體與特性，以及將支持性的實體加以孤立，那麼他如何能滿足於關於蠟的討論呢?(因為他的討論只到達了蠟的特性——它是有延積、可伸縮、可改變的東西。) 現在，依照笛卡兒的一般理論，實體與其基本屬性的區分只是「理性的區分」，並且我們是藉著實體的基本屬性認識實體。然則這等於說，尋找實體乃是尋找基本屬性；也即是說，這第二種詮釋與第一種詮釋並無太大的差異，因為這兒所關懷的仍是事物的基本性質(本質)。如此一來，我們又回到原位了。我們必須再問一次：笛卡兒如何證明延積是蠟的基本屬性呢？第一種詮釋的困難他如何解決呢?

以上兩種詮釋皆認為，笛卡兒的討論是由形上學的考量開始，而以知識論的考量為結論。因此以上兩種詮釋似乎都不妥當。於是有人提出了第三個意見，就是，笛卡兒的討論主要屬於「知識論」，然而卻含蘊著一些形上學的思想(只是在此階段尚未引申出來)。他並非是直接討論物質物的本性，而是討論我們對於物質物的認知。我們知道，同樣的蠟，在變化之後，它依舊存在。這乃是說，我們具有蠟的概念：它是經過許多變化之後繼續存在的東西。然而我們是如何知道的呢？我們從哪兒獲得了蠟的概念呢？不是從感官，因為感官所知覺的一切都改變了。所以我們必然是具有一種東西的概念，它起初是白的、硬的等等，然後是別的顏色的、軟的等等。這個概念是什麼呢？笛卡兒發現，蠟的概念是指有延積、可伸縮、可變化的東西。依照現在的詮釋，這是直接呈現在意識中的材料，而不是由前面的討論中推得的東西。再者，這個概念不是出自想像力，亦即不是想像力的圖像，因為這個有延積之物能夠接受無窮的變化，而想像力不可能表現如此眾多的圖像。它純粹是理智的概念，只能在思想中去了解它，不需要圖像的幫助。這個詮釋正好符合了笛卡兒的觀念論。因為，依照笛卡兒，一切觀念都是天生的，因而物質物的觀念也是天生的，天生的觀念不必經由可感的性質而獲得。笛卡兒根本不接受經院哲學的抽象說。

所以物質物的概念既不依賴於想像力，也不依賴於感官的知覺。從知識論的觀點言，其過程是這樣的：起初，我們根據感官獲得了蠟的概念，它是硬的、白的等等，它具有一個物體所應具有的一切性質。然後，蠟有了變化，但是它依舊存在。可見根據可感的性質而得的概念是不完全的。同樣，根據可感的性質所得的任何概念都是不完全的，都不能幫助我們理解蠟的概念。因為，依照我們所擁有的蠟的概念，它的變化是無窮的（譬如形狀）。甚至那有延積之物可能變得不再是蠟。這樣的概念不可能導源於想像力的圖像，也不可能生於感官的經驗。

據此可知，我們的蠟的概念是理智的，亦即出自悟性的。這即是笛卡兒所說，「我是用悟性知覺它」。「知覺」一語在這兒是指對於一物之本質的了悟，是關於該物是什麼的觀念。所以，當笛卡兒說，「對於蠟的知覺，不是視覺，不是觸覺，也不是想像，根本不是……

而只是心靈的了悟。這個了悟能夠是不完全的、混淆的，如同以前那樣，也能夠是清晰的、分明的，如同現在一樣。」當他說這話時，他的意思並不是說，我們根本沒有藉視覺或觸覺而得到有關蠟的知覺，而是說，我們只有一個藉悟性所得的模糊知覺。所謂「模糊」是指關於「蠟是什麼」的觀念，亦即我關於它是一物質物的思想。對於蠟的這個「知」(心靈對它的了悟)，常是理智的觀念，而不只是感官對世界的反應。它原來是模糊的，因為我把各種感性的觀念或圖像加進去了，而我誤以為它們是蠟的本質的一部分。如今我對蠟有了一個更為完整的觀念，我知道它只是有延積、可伸縮、可變化的東西。因此我對其本性的認識就要變得清晰分明了。

我說我現在擁有這樣一個觀念，並不等於說我不再用感官去知覺蠟了，我可能仍以感官去知覺它。如果我這樣做的話，則我用感官所知覺的和我藉悟性所了解的是同樣的東西 (上述第 4 項)。但是我不可因此假定，我用感官知覺它比著我單單用悟性去思考它更直接地觸及它。當我說「那兒有蠟」時，這句話能夠引起誤會。因為它的意思能夠是說，我單單運用了視覺，而沒有運用悟性。這是錯誤的。理由有二。其一，看見那兒有蠟，乃是說，根據某些理由我「判斷」那兒有蠟；這是悟性的作用。其次，如果說看見那兒有蠟只是感官的作用，則此思想中所含蘊的蠟的觀念也只能是感性的觀念；然而我們上面說過，感性的觀念是不完整的。所以所謂看見事實上就是判斷。我不但判斷那兒有蠟，而且我判斷它與蠟的清晰觀念相符。

最後這幾句話等於解釋了上述第 5 項 (所謂看見，實際上即是判斷，或包括判斷)。笛卡兒舉的例子是，從窗口看見街上有人走路。

或有人說，所謂「看見那兒有蠟，或那兒有人」，並不完全是笛卡兒的意思，因為笛卡兒只說「看見蠟，或看見人」。前者是判斷，後者不是判斷。但是，這個差異在目前的情況下並不重要。因為他這兒所討論的是第一人稱的知識。那麼，如果我能夠說「我看見張三」，我也同樣可以說「我看見張三在那兒」。

不過，雖然就蠟的實例而言，可以說「看見某物」包含著「看見某物在那兒」，但是這個結論並不能普遍化，亦即不能說，一切看的行為都包含判斷。我們只能說，當一個人自覺他自己在看時，這樣的看才包含判斷。這個限制，笛卡兒可能不會反對，因為他曾表示，動物能夠看，但牠們沒有理性，因而不能判斷。但是，依照這個觀點，動物不僅缺少判斷能力，而且也沒有自覺。因此對笛卡兒來說，不包含判斷的「看見某物」，也不含有意識。據此而論，羊遇到狼時，羊的知覺不能稱為「看見」。這樣的話，則我們必須說，對笛卡兒而言，一切看的行為都是「看見某物在那兒」，亦即都包含判斷。他之所以具有這樣的主張，主要是因為他把意識與理性聯在一起了。有理性才有自覺，無理性則不能有自覺。

關於上面從窗口看見街上有人走路的例子，我們還要提出一點說明。在那個例中，笛卡兒說，他並沒有真的看見人；他所看見的只是帽子和外衣，然後他判斷有人在那兒。可能有人解釋說，這話的意思是，有一些物質對象，有人看見了它們（帽子和外衣）；這個看見並不包含判斷。然而這不是笛卡兒的意思。他認為，凡是自覺地看見某物，皆包含判斷。他引用了帽子和人的例子，正是要說明，通俗的語言多麼容易使人犯錯。在那個例中，人們說看見了人，這就證明了一般語言的不精確。依照笛卡兒的觀點，我們不是從其他物質對象（帽子、外衣）而推得物質對象的存在，而是從我們的感覺而推得物質對象的存在；這些感覺是由物質對象所引起的。

但是，關於蠟的這段文字並不是證明物質物的存在。他只是說，他好像看見一塊蠟，並且知道他看見一塊蠟。然而他只是以這個生動的方式表示一種可能性——一種思想上的實驗。而且，如果物質物存在的話，他也無意證明物質物實際上是什麼樣子的。他只為那個結論奠下了基礎，在第五篇沉思中才得出那個結論。他現在所作的只是考量我們對物質對象的觀念或了解，並設法指出，我們可能認為，那些可感的圖像能夠提供我們關於物質對象的清晰觀念，然而事實上它們是非常模糊的。當我們反省時，我們發現，即使是這種對象的觀念也純是悟性的觀念。此一反省有助於第二篇沉思的宗旨，就是，把心靈收回來，使他轉向自己，我們也因此確信，心靈的知識主要在於認識自己的活動及觀念。

在討論蠟的例子時，我們說，依照笛卡兒，蠟的觀念是指「有延積、可伸縮、可變化的東西。」並且這個觀念是直接導源於悟性；我們也指出，這一點他尚未證明，他只是奠定了認識物質物之存在及其真實本性的基礎。現在，根據他的《方法論》，「凡是我們很清晰、很分明地認識的事物，常常是真的。」那麼，如果我清晰而分明地知道物質是有延積之物，則物質的本性必然是如此的。這個結論是在第五篇沉思裡才得出的。笛卡兒說：

> 我的主要任務是從這些日子以來我所陷入的懷疑中掙脫出來，看一看，對於物質物我們能否求得確定的知識。但是，在我探究有沒有這樣的東西存在於外界之前，我先要研究它

> 們的觀念，因為這些觀念存在於我的思想中；看一看哪些是清晰的，哪些是不清晰的。
>
> 我清晰地認識量 (quantity)。這個量，哲學家們稱之為連續之物，或具有長、寬、高的延積——或是具有那個量的東西。再者，我能計算它的部分，並指出每一部分的大小、形狀、位置，和運動，並且我也可以為這些運動指定各種程度的持續性❺。

依照笛卡兒，這些清晰的觀念不僅使他認識了一般性的物質，而且使他認識了特定的形狀、大小等等。例如，他具有三角形的清晰觀念，即使沒有三角形存在於外界，他也可以了解它的特性與本質。他再一次指出，他對三角形的了解不是想像力的作用，因為根據悟性的了解，三角形的變化是無窮的，此無窮的變化不可能表現在想像力的圖像中。他在這兒對於這個問題的討論即止於此。接下去他改變了題目，討論了上帝存在的本體論證。然後他又換了一個題目，討論幾何學。讀者當然會覺得奇怪：本來他是要討論物質物的本質的，為什麼要討論幾何學，而不討論物質物的本質呢？理由大約是這樣的。幾何學探討延積。依照笛卡兒，延積是物質物的本質。所以討論幾何學就等於討論了物質物的本質。

然而我們仍舊可以說，笛卡兒的物質概念並不徹底。他沒有指出，是什麼東西使得物質物成為物質物。萊布尼茲和牛頓認為，使物質物成為物質物的要素是「力」(force)。不過，笛卡兒的延積概念包括另外一個意思，這個意思與力的概念有點相近，就是，有延積

❺ HR, I, p. 179.

之物佔據空間，它排斥其他有延積之物，使其不能佔據同樣的空間——物質物排斥其他物質物。這個必然性純粹是觀念上的必然性。其根據是一條邏輯原理：兩個東西不能同時存在於同一地點。這個邏輯原理對物理學家是不夠的。物理學不能滿足於抽象概念，它要問，到底是什麼東西使得一個物體排斥另一個物體，使得兩個物體不能佔據同樣的空間？無論如何，笛卡兒至少主張，兩個有延積之物不能佔據同樣的空間。然而這是不是絕對的呢？恐怕也不見得。因為我們可以設想，就幾何空間而言，兩個多面體 (polyhedra) 可以建構在同一個基點上面。如果笛卡兒的物體觀念是純粹幾何學的，這即是說，把兩個這樣的多面體也視為兩個具有三度空間的對象，則他的物體觀念顯然是不完整的。

在延積的概念中加上兩個物體互相排斥的觀念，固然有些幫助，然而也因此產生了另外一個困難。物質的延積與空間是同一的❻。依此而論，空間是由物質構成的，因此不可能有絕對空虛的空間；為了純粹形上學的理由，絕對空虛的觀念是不通的。笛卡兒這個思想使我們想起希臘哲學家巴美尼地 (Parmenides)。他主張，宇宙間不能有虛空。如果在兩物之間有一個虛空，則等於說，它們之間無物存在，然而這即是說，它們彼此挨在一起。

以上是笛卡兒對於物質物之本質的主張。然後，在第六篇沉思裡，他開始探討物質物是否真實存在的問題。在那兒，他不僅肯定了物質世界之存在，而且特別討論了他自己的肉體（物質世界的一部分），同時也說明了心靈與物質之「實在的區分」。接下去他也討論了錯誤的起源。有些問題我們上面討論過了，現在我們要注意物

❻ 《哲學原理》，II, p. 11.

質世界的存在，以及關於錯誤之進一步的理論。

笛卡兒試圖從三方面來討論物質世界的存在。首先，他再一次探討想像力，以及想像力與純粹悟性的區分。他又列舉了幾何圖形的例子作為說明。假定有一些簡單圖形，譬如三角形或五角形，我們可能以為，我們之能夠了解這些圖形，是因為我們具有它們的圖像。但是，如果有一個比較複雜的圖形，譬如一個千角形，則情況就不同了。在此情況下，即使我們能夠形成一個模糊的圖像，但是它跟多一個角或少一個角的圖像在我們想像中沒有差別。然而我們卻能夠清楚地了解各種圖形在特性方面的差異（一千個角與一千零一個角，其差別在概念中十分明顯）。所以說，此種理智的了解既不能導源於圖像，也不能完全地表現於圖像。關於理智與想像力的這個差異乃是笛卡兒一再強調的。現在，他提出一個新的問題：如果說想像力的能力低於悟性的能力，並且悟性的了解不需要它的合作，那麼我們為什麼擁有想像力這個官能呢？對於這個問題，他提出了一個可能的答案——也許我們擁有一個肉體，而圖像的發生可能與這個肉體相關。他並不認為這個答案是確定無疑的，這只是一個可能的解釋而已。事實上，他說，對於一個思想體的存在，想像力並不重要。如果沒有想像力，悟性也能了解，而且了解得會更清晰。不過，想像力的存在暗示著，這個思想體可能具有肉體。他在擁有圖像時，需要肉體的合作，在純粹了悟時，則不需要它。

接下去，他探討擁有肉體的問題。首先，除了他提到的圖像之外，我們還有許多心靈現象。當初他也將這些現象跟擁有肉體聯在一起。有些現象，如快樂、疼痛、欲望、和憎惡，他覺得好像是「在」肉體中；有的，像熱力、顏色、硬度，以及其他涉及觸官的感覺，好像是以肉體為媒介，好像是通過感官的知覺方式，是感官與物質對象接觸之後所引起的。所以，與這些經驗關聯的物體（如果存在的話）必然與我們自身（思想體）有著特殊的關係。笛卡兒說：

> 我與別的物體能夠分開，跟它（肉體）卻分不開。我是在它之內，並且是因了它的原故，才經驗到貪欲和感受，而且是在它的某些部位上感覺到疼痛與快樂；然而在與它分開的其他物體中我則感覺不到那些東西。

再者，這種種經驗好像不是自願的，亦即不是出自心靈自己的活動。這些現象使得我們獲得一個自然的信念，就是，我與一個物體連結在一起，而這個物體又與各種物質對象互相關聯。現在，這個未經批判的自然信念在他的懷疑中變得不安全了。(其懷疑的理由是作夢、惡魔的欺騙、幻覺等等；例如有的人感覺腳痛，其實他的腳已被切除了。)

但是，笛卡兒已知道了上帝存在，而且上帝不能欺騙他，因此他確知，儘管他對物質世界的認識會有錯誤，但不可能統統是錯的。尤其是他可以肯定，他經驗到一個「外在世界」，其中有許多物質對象，這些對象比一般圖像更活潑、更真實，它們不管我願不願意，都會呈現在我眼前。根據因果原理(笛卡兒認為因果原理是自明的，並且在證明上帝存在時已經使用了它)，這些經驗必有原因，這個原因必須在某種方式下蘊含著足夠的實在性，足以作為那些經驗的源頭。這即是說，那些經驗或是外界的物質對象所引起的，或是一種「更高的」原因所引起的，譬如上帝，或低於上帝的其他心靈。這兩種情況都是可能的。但是，笛卡兒指出，他具有一種強烈的自然信念，相信這些經驗導源於第一種原因，亦即獨立存在的物質對象。他曾努力拋棄這個信念。然而無論他怎樣努力，他都辦不到。他曾試圖利用最嚴格的批判來消滅它，然而在信念中他始終找不出矛盾或荒謬之處。那麼，如果這個信念是假的（如果那些經驗不是來自物質對象，而是由上帝直接播種在人心中的），則等於說，無論他怎樣努力藉著理性的方法來分辨與批判，他仍無法避免強烈地相信一件虛假的東西。果真如此，依照笛卡兒的推論，則必須說，上帝欺騙我們❼。我們的存在是由上帝創造的，我們的理性是由上帝賦予的，如果我們適當地運用我們的理性，我們應該能夠達到真理。現在，如果我盡了最大的努力，適當地使用了我的認知官能，仍舊無可避免地要犯錯，則必須說，上帝欺騙了我。然而上帝是誠實的，慈悲的，不可能欺騙我。所以在這一點上，我沒有犯錯。這即是說，有一個物質世界，它是我的感官知覺的原因，我對物質世界的認識是真實的。

這個論證是依賴於上帝的誠實和慈悲。不過，為能了解這個論證的力量，我們必須注意一點，這即是，我們的感覺經驗還有一個可能的原因，而這個原因，笛卡兒認為，不必求助於上帝的誠實和

---

❼ 巴克萊主張，我們對於物質世界的知覺和觀念直接來自於上帝，而不是導源於物質世界，因為沒有物質世界。那麼，巴克萊是否認為上帝欺騙我們呢？不盡然。因為，依照巴克萊，一般人皆以為，我們的感覺經驗是由物質實體所引起的。然而這個通俗的觀念是不可理解的。我們在經過理智的反思之後，即可將那個可能性淘汰了。因此巴克萊的作法與笛卡兒的要求並不衝突，只是結論不同而已。

慈悲就可以把它排除掉。這即是，這些感覺經驗導源於我們自己的心靈，是我們自己製造出來的。笛卡兒認為這是不可能的。因為，如果是那樣的話，則那些經驗是出自意志的。但是，依照笛卡兒，意志的活動，如同一切其他心靈的活動一樣，都會呈現在心靈面前，因而我們必然知道它們是出自意志的。現在，既然感覺經驗是無心的（因而不同於其他心靈活動），這一事實即足以保證它們不是出自意志，也即是說，它們不是導源於自己的心靈活動，而是另有原因。所以，除了上述的說明（亦即物質世界是感覺經驗的原因）之外，只剩下兩個可能性：或是直接出自上帝，或是出自低於上帝的心靈。笛卡兒藉著上帝的誠實和慈悲所排除的就是這兩種可能性。

為了證明我們關於物質世界的知識是真實的，笛卡兒訴諸上帝的誠實和慈悲。但這並不是說，因為上帝不欺騙我們，所以我們不能犯錯。沒有這個意思。相反，儘管上帝不欺騙我們，我們仍會犯錯。其方式有二：第一，我們可能沒有使用正確的方法去形成清晰而分明的觀念。如果觀念模糊、混淆，那麼，即使求助於上帝的保障，亦無濟於事。第二，即使我們對於物質世界有了一般的清晰觀念，然而對一些「特殊的」狀況，我們依舊能夠犯錯。此種狀況往往是基於事物的本性，因而是無法避免的（例如，關於顏色、形狀、大小等等的視覺錯誤）。關於此點，以後詳論。

所以，笛卡兒的一個基本觀點是，上帝是誠實的，不能欺騙我們，只要我們盡了心力，依照方法形成清晰的觀念，我們就不致犯錯。更具體地說，當我們的觀念或思想不夠清晰時，我們就不可下判斷，直到我們獲得了清晰的觀念時，才可以下判斷。也只有在這樣的情況下，才能求助於上帝的保證，而不是在任何情況下皆可引用上帝的保證。

所以，若要避免犯錯，我們必須首先形成清晰的觀念。現在，當我們探討物質世界的真實狀況時，這一點更為重要。首先，我們對於物質世界要設法形成清晰的觀念，在這之前，不可求助於上帝的保證。因為事實上，一般人關於世界的觀念是幼稚的，未經批判的。若要形成清晰的觀念，需要持久的努力與批判。藉著哲學的反思，我們已能肯定物質世界的存在，並且對於它的真實狀況也有了進一步的認識。依照笛卡兒，我們已清楚知道，物質是有延積的實體，是純粹幾何學的研究對象。這個觀念，他在第二篇沉思裡首先提出（討論蠟時），後來在第五篇沉思裡他進一步肯定，延積是物質物的本質。

但是，我們似乎還可以問，除了延積這個屬性之外，物質物是否還有其他屬性呢？譬如，它們是否有顏色呢？沒有。依照笛卡兒研究的結果，物質物只具有包含在延積之基本屬性之內的特性。這從他的「本質」論中可以看得出來。認識一物之本質即是認識它的本質屬性。一物之其他性質必是其基本屬性的樣態，所以一個物質體的性質必是其延積的樣態。因此物質體的特性無非是佔據空間的大小、形狀，和運動。所謂運動，是指物體之形狀可以改變，或者在不同的時間佔據不同的地點。運動概念所包括的沒有別的，只是延積的觀念再加上時間或持續的觀念。持續不是別的，就是物體繼續存在的樣態。

或有人說，為什麼顏色不能是延積的樣態呢？如果形狀是延積的樣態，因而我們可以說，有一個有延積的方形物體，它佔據一個方形的空間；為什麼不能說，有一個有延積的綠色物體，它佔據一個綠色的空間呢? 依照笛卡兒，答案應該是這樣的：延積的樣態必須涉及量，因而能夠在幾何學上去研究它。顏色不是量，因而不屬於延積。但是，除此之外，他又藉著反思證明了物體沒有顏色。他指出，說物體有顏色，那是不可理解的，正像是說物體有痛的感覺一樣不可理解。世界上有各種延積的特性（各種形狀、結構，和運動)，它們與我們知覺到的顏色相應，但是它們本身不能有顏色（顏色是我們的感覺)。上帝保證我們世界上有各種延積的特性，它們引起了顏色的感覺，是使我們感覺顏色的原因，但它們本身沒有顏色。物質世界的本性就是如此的。憑著上帝的保證，我們能夠肯定它們的存在。

所以，在訴諸上帝的保證之前，我們必須弄清楚我們關於物質世界的觀念。這個觀念所包含的內容比一般人所想像的少了很多，它單單包括延積的樣態和運動，而不包括顏色、冷熱、聲音、滋味、氣味，和與觸覺相關的性質。這些性質都是物體藉著延積的樣態刺激我們，在我們心靈中引起的感覺。事實上，這等於說，物體界只有「首要性質」(primary qualities)。我們所感覺到的其他性質則是「次要性質」(secondary qualities)，這些性質不是物體界本來就有的。

關於首要性質和次要性質的這個區分本是很古老的，而在十七世紀更是普遍化了。為能了解笛卡兒在這方面的貢獻，我們首先將他的理論跟大家所熟知的另一位經驗哲學家洛克 (John Locke)❽所講的作一個比較。有些地方他們的講法是相同的。他們都指出，熱的感覺不是物體的性質，因為溫度逐漸升高時會引起疼痛，疼痛顯然不是物體的性質。其實不僅熱的性質是如此，其他許多性質也是

❽ John Locke, *Essay on the Human Understanding*, pp. 8–26.

如此（儘管一般人都認為它們是物體的性質）。再者，他們都指出，首要性質能夠同時被兩個感官所知覺❾。但是在別的方面他們則有差異。依照洛克，對於次要性質我們容易有幻覺，對於首要性質則不容易有幻覺。笛卡兒則未表示過這樣的意思。不僅如此，他所提出的涉及幻覺的例子中大都涉及首要性質，特別是遠處物體的大小和形狀，當然也有涉及次要性質的時候❿。

更重要的是他們兩家所列舉的首要性質的差異。洛克列舉的首要性質中，包括了硬度 (solidity)，笛卡兒則未提這一項。這個差異在若干方面顯示了笛卡兒的不同立場。洛克顯然認為硬度是一種可感的性質。譬如我們用雙手捧著一只皮球，然後用力擠它，於是我們就感覺到一種抗拒力（硬度）⓫。笛卡兒承認，如果我們的手觸及物體，我們會感覺到物體的抗拒力；但是他說，也有可能，當我的手要去接觸某個物體時，那個物體溜掉了，在此情況下，我沒有那些感覺經驗，然而我不能因此假定，那個物體不是真正的物體。所以這個可感的性質不可能是物質物的本質⓬。對於這一點，我們可以說，如果我們有機會接觸到物體，則它仍舊具有引起那些感覺的潛能。而洛克所說的性質即是指的這個潛能。所以他們之間並沒有實在的差異。儘管如此，他們之間還是有差異的。對洛克而言，如果我們從未觸及物體，因而也沒有抗拒的感覺，則我們根本不會有硬度的觀念，因而我們的思想中也缺少了屬於「物質性」的一個

❾ 笛卡兒部分參閱《哲學原理》，IV, p. 200.

❿ HR, I, p. 44.

⓫ John Locke, *Essay on the Human Understanding*, p.1, p. 4, p. 11.

⓬ 《哲學原理》，II, p. 4.

重要因素。對笛卡兒而言，物體之抗拒（硬度）的觀念不必建基於經驗。因為我們知道，兩個物體不可能同時佔據同一地點，而這個觀念是天生的或先天的。

所以，在這個問題上，笛卡兒與洛克兩人的觀點是有差異的，並且笛卡兒似乎講得更深入，也更清晰。譬如，拿硬度的觀念來說，洛克似乎認為，硬度是一種絕對的性質，沒有程度上的差異。他之如此說，是因為他把這個觀念應用於牛頓的原子上面，而這些原子是絕對不可壓縮的。然而事實上，他卻把這個觀念應用於可以壓縮的物體（譬如足球）上面，而且他的硬度觀念似乎只是從這類的物體獲得的（事實上他無法直接觸及原子）。足見他的理論不夠嚴格。笛卡兒對於首要性質和次要性質所作的區分更為清晰：一個屬於科學能夠了解的物質世界，另一個是真實存在的世界（與現象對立的世界）。大體而言，這一個區分（科學所了解的世界與真實存在的世界），今天依然存在。

不過，笛卡兒關於上述區分的討論仍舊含蘊著一些困難。這些困難與知覺表象說有關聯。依照笛卡兒，心靈的直接對象是自己的經驗或觀念，外界對象引起這些經驗或觀念，而這些觀念即是外界對象的代表（不完全的代表）。依照洛克，我們的經驗（表象）是外界對象的副本，完全代表外界對象（就首要性質而言）。笛卡兒則認為，外界物體的運動和內在經驗的關係是複雜的，間接的⓭。嚴格地說，與知覺相關聯的心中的觀念根本「不類似」外在世界，即使是外在世界的有形表象也不例外。它們只能提供有關外界物體的一些消息，如此而已。

⓭ 《哲學原理》，IV, p. 198.

任何一個知覺表象說，都要面對這個問題，就是，我們如何知道，或憑什麼相信，經驗之外有東西存在。笛卡兒的答案是必須依賴上帝的誠實不欺。如果沒有上帝，則我們只有迷失的分兒。洛克所採取的經驗路線曾經遭到巴克萊的批評；在這之後，大家獲得了一個信念：首要性質和次要性質的區分根本不能解決問題。

但是巴克萊之反對洛克的區分乃是基於一種假定（洛克也是如此假定），這即是，我們直接觸及的只是觀念而已。並且巴克萊走向了唯心論。如果我們揚棄唯心論，那麼知覺表象中還有哪些東西留存下來呢？以及知覺的原因是什麼呢？這些問題仍舊有待解決。不過，這兒有一點很重要：首要性質和次要性質的區分跟知覺表象說是可以分開的，並且那個區分非常重要。

那個區分結合了兩個概念：自然科學所了解的世界和真實存在的世界。這兩個概念形成了一種對立關係。科學所研究的世界是「呈現在我們知覺中的世界」，雖然這個世界不等於真實存在的世界，然而也不可因此說這兩個世界彼此全不相干。那只是說，當真實存在的世界呈現在我們面前時，它就染上了或吸取了我們的特殊性，因而有了不同的面貌。果真如此，則世界的概念或許可以修正，亦即除掉觀察者的特殊性，還它以本來面貌，使其恢復為不含有觀察者之特殊性的世界。這正是我們所需要了解的：一個獨立於觀察者之外的世界。

我們有理由認為，關於世界的這個概念必然排除了次要性質。因為，依照傳統的說法，次要性質主要依賴於個體或種別的特殊性。譬如顏色（一般人認為它們存在於物體上面），對這個人是這樣的，對那個人又是那樣的，或者對一個種別有顏色，對另一個種別沒有顏色（一般動物沒有顏色的感覺）。根據這些現象，我們可以說，顏色不是物體的性質。

我們的一般語言不能顯示出次要性質的這些狀況，相反，它很容易把人誤導。我們知道，看起來是綠的東西跟實際上是綠的東西兩者是有區別的。假定我們要描述一個沒有人看見的景色，我們會不假思索地用彩色語詞去描述它。譬如我們要描述一片沒有人見過的草原（在小說裡），我們說，那草原是綠的。我們的語言是以人類的一般經驗為基礎，因此語言只能作到這個程度。但是人類的思想卻不受經驗的限制。哲學的反思能夠超越經驗，亦即超越我們的特殊構造。這樣的思想早在公元前第五世紀就由戴莫克利圖 (Democritus) 表現出來了，他說，「顏色、甜味、苦味，這都是藉習慣而有的；事實上只有原子和虛空⓮。」

所以，對於沒有看見的東西我們也是這樣描述的。我們可以說，在沒有任何知覺之前，草原是綠的。「是綠的」，在此假定下，絕不是指在某人看來是綠的。同樣，說它是「悅目的」，並不是說，對某個人而言它是悅目的。「悅目的」、「綠的」，不是表示關係的。然而這些語詞仍舊是關係詞，它們表示與人類經驗的關係。如果有人願意描述一個完全沒有人看見的景色，則他不應該使用「悅目的」、「綠的」這樣的概念。只要他使用這些語詞，則它們所含蘊的關係即無法避免。

現在，包含這些語詞的陳述之真假條件到底如何，這個問題是很困難的。一般認為，事實上，「是綠的」這個語詞是表示關係的，

⓮ Diels-Kranz, *Die Fragmente der Vorsokratiker*, 6th edn. 68B125. Quoted by B. Williams, *Descartes*, p. 242.

它等於說,「它具有這樣的性質,就是,在正常的狀況下,對一個正常的觀察者而言,它看起來是綠的。」依照這樣的分析,所謂次要性質,實際上涉及了人,而物體界也確實具有這樣的本性。但是,不管怎樣,當我們講到真實存在的世界時,必須把次要性質拋開。因為世界的本性可以用首要性質來加以界定,其他性質(如果不預設觀察者)則不相干。但是笛卡兒是從關係的觀點來分析次要性質的,這個作法不無缺點。因為我們不知道如何解釋「看起來是綠的」這句話的意義。那麼我們應該用什麼語詞來取代這樣的描述呢?以及,我們的經驗與獨立存在的世界到底有著什麼關係呢?這些問題必須另外討論。

如果我們認為,在描述沒有人知覺的世界時,可以把次要性質擱在一邊兒,那麼我們有沒有把握藉著首要性質把它描述得更好呢?我們能否分辨出,哪些概念或命題能夠表現實在世界,哪些不能呢?我們的概念(包括物理學的)豈不都含有主觀成分嗎?當然是如此。不過,這兒並不是說,我們在描述世界時不可使用我們熟悉的概念。那是不可能的。而只是說,有可能在描述世界時不使用特別屬於我們,或特別與我們自己的經驗相關的概念,也即是去掉了個別性的概念。這個概念代表真實之物;我們知覺到的次要性質即是它的現象。

然而這乃是說,除了沒有觀察者的世界的觀念之外,我們還需要更多的觀念。這個觀念一方面包括了物質世界,另一方面也包括著它的觀察者。上述的世界概念不包括區域性的和個體的特徵。不過,儘管特殊的經驗型態不能進入真實世界的表象之中,然而這些經驗是存在的,是世界的一部分。因此,世界之表象應該能夠延伸,包括了意識在內，並使得各種觀點互相關聯，而且與物質世界相關聯。這樣一個全體性的概念將是關於實在界之絕對概念。此絕對概念應該能夠解釋意識與物質世界的關係。例如，它應該能夠使我們理解，為什麼有些東西在我們看來是綠的，在別人看來不是。再者，它應該能夠說明，為什麼世界能夠存在。這個概念是世界上的意識所形成的；它應該使我們了解有能力獲得這個概念的人類和其他理性主體。因此，它包括了知識與錯誤的理論：它幫助我們了解，人類如何能夠（或不能夠）求得關於自身和世界的真實概念。

關於世界的絕對概念跟首要性質和次要性質的區分有所關聯，因為真實世界中似乎只包括首要性質，然而我們對於次要性質的知覺是不是真實世界的一部分呢？換句話說，真實世界的絕對概念中能否完全排除次要性質呢？如果說能夠排除，那麼次要性質與真實世界完全沒有關係了嗎？或者說，我們的意識與真實世界到底有什麼關係呢？它是不是真實世界的一部分呢？這些問題都是不容易說明的。

無論如何，笛卡兒是一位實在論者，並且他相信，藉著實在論的物理學能夠到達關於世界之絕對概念。他這個信念十分牢固，即使在證明上或在其他相關的理論上有些困難，也不足以使他動搖。

上面我們首先考慮了真實世界是怎樣的。我們看到，依照笛卡兒，真實世界只具有首要性質，而不具有次要性質。如果有人以為它具有次要性質，譬如顏色，那顯然是錯誤的。這樣的錯誤，可以藉著反省加以修正。但是另有一些特殊的錯誤，我們應該怎麼辦呢？例如，有人感覺自己腳痛，其實他的腳已被切除了；或者有人以為遠處的塔是圓形的，其實它是方形的。在這些情況下，我們自然傾向於犯錯。那麼上帝的誠實與慈悲對我們有什麼幫助呢?

對笛卡兒而言，這兒的確是一個問題。有些涉及知覺的錯誤，一般人都免不了要犯的。那麼，或是關於物質世界的特殊信念我們得不到上帝的保障，因而只好繼續懷疑；或是我們的特殊信念也有上帝的保障，不過，有些時候上帝允許我們犯錯。

笛卡兒的答案是接受第二種可能性。首先，我們必須藉著理智的批判除掉我們對於物質物的一般誤解。然後我們就應該信任我們的自然性向以及對於物質世界的特殊信念，並且承認，我們有時會犯錯。然而這種情形沒有什麼關係。因為，就一般的幻覺而言我們能夠不犯錯。對於我們經常犯錯的那些情況，我們能夠分辨並加以修正。同時，我們努力增進科學知識，以減少犯錯的機會。不過，即使我們盡了最大努力，我們仍有犯錯的可能，而且事實上也無法完全避免。依照笛卡兒，此種情形是可以預料的，因為我們擁有肉體，而肉體有其一定的缺陷。

所以，從知識論的觀點言，如果我們小心謹慎，則可避免幻覺方面常犯的錯誤。特殊的錯誤難以避免，那是由於我們的狀況的原故，沒有多大關係。但是從神學的觀點言，似乎仍有困難。如果我們跟隨了自然性向，仍不免有時犯錯，而這些自然性向是上帝所賦與的，那麼這豈不是說，在這些性向上我們並沒有保障嗎?依照笛卡兒的說法，上帝在創造世界時，創造了自然法則。萬物必須按照自然法則而活動。這是上帝照顧世界的方式之一。依照這個法則系統，有時會發生錯誤。譬如一個人的腳被切除了，本來我們有神經通到腳，此神經受到壓力時，我們會感覺腳痛。腳被切除後，它的神經末梢受到壓力，則會產生同樣的效果，如同我們有腳時那樣，因此我們會感覺腳痛。食慾的情形也是如此。患水腫的病人一直想喝水，然而喝水對他沒有好處。他感覺渴是自然的，但是渴的感覺有時不是喝水的需要所引起的，而是別的原因所造成的，理智便誤以為他是想喝水，其實這只是身體機能的因果作用。

但是人們還要問，為什麼上帝如此創造了我們，以至於無論我們怎樣小心反思，仍舊免不了犯錯呢？依照笛卡兒，我們無法認識上帝的目的。我們只知道，實際的狀況都在上帝照顧的範圍之內。然而這樣的答案一方面有逃避問題的嫌疑，另一方面與他先前提出的理論有些衝突。因為，既然我們不認識上帝的目的，那麼為何我們不可以說，上帝是如此創造了我們，使我們經驗到外在世界，然而事實上並沒有一個外在世界，其目的為何，我們無法理解呢？因為那兒也同樣涉及自然性向的問題。在自然性向上，上帝不能欺騙我們。如果這條原理不能應用於犯錯的問題上，則似乎亦不能應用於外在世界的問題上。

對於這個問題的答案似乎應求助於哲學信念與特殊信念的區分。如果我們在哲學信念上犯錯，則是違反了我們理性主體的本性，這是不可以的；如果只是在特殊問題上犯錯，則無損於人之為人的本性。況且，如果我們犯了特殊的錯誤，在未來往往可以修正。同時，在笛卡兒的這個答案中，我們看出一個柏拉圖式的預設，這即是，人類的真正價值與目的在於他的理性。雖然我們擁有肉體，然而我們必須承認，肉體對於我們的心靈是一種限制或障礙。這個預設乃是柏拉圖哲學的一大特徵，也是笛卡兒形上學的一大特徵。事實上，笛卡兒的思想在若干方面是接近柏拉圖的。

參考書目

1. *Oeuvres de Descartes*, Charles Adam and Paul Tannery, editors (Paris: Cerf, 1897 and 1913), 13 volumes.（簡寫為AT）
2. *The Philosophical Works of Descartes*, Elizabeth S. Haldane and G. R. T. Ross, translators (Cambridge: Cambridge University Press, 1911, 1931), 2 volumes, paperback, 1967.（簡寫為HR）
3. E. S. Haldane, *Descartes, His Life and Times* (London: Murray, 1905).
4. S. V. Keeling, *Descartes* (London: Bonn, 1934).
5. L. Roth, *Descartes' Discourse on Method* (Oxford: Clarendon Press, 1937).
6. N. Kemp Smith, *New Studies in the Philosophy of Descartes* (London: Macmillan, 1952).
7. L. Beck, *The Method of Descartes* (London: Oxford University Press, 1952).
8. Frederick Copleston, S. J., *A History of Philosophy*, Vol. IV (Westminster: The Newman Press, 1959).
9. L. Beck, *The Metaphysics of Descartes* (London: Oxford University Press, 1965).
10. Anthony Kenny, *Descartes: A Study of His Philosophy* (New York: Random House, 1968).

11. Margaret Dauler Wilson, *Descartes* (London: Routledge and Kegan Paul, 1978).

12. Bernard Williams, *Descartes: The Project of Pure Enquiry* (New York: Penguin Books, 1978).

13. E. M. Curley, *Descartes Against the Skeptics* (Cambridge: Harvard University Press, 1978).

14. John Cottingham, *Descartes* (Oxford: Blackwell Publisher Ltd., 1986).

15. 笛卡兒著，傅士明譯，《沉思集》，臺北：正文，民國55年。

16. 笛卡兒著，關琪桐譯，《哲學原理》，臺北：問學，民國68年。

17. 《西歐理性論哲學資料選輯》，新竹：仰哲，民國71年。

18. 錢志純譯，《我思故我在》，臺北：志文，民國61年。

19. 肯尼著，陳文秀譯，《笛卡兒》，臺北：長橋，民國67年。

本書名詞索引

一畫

二畫

三畫

四畫

五畫

六畫

七畫

八畫

九畫

十畫

十一畫

十二畫

十三畫

十四畫

十五畫

十六畫

十七畫

十八畫

十九畫

二十畫

二十一畫

二十二畫

二十三畫

◎ 哲學在哪裡？　葉海煙／著

阿哲遇到了被教會開除的斯賓諾莎，這位難以立足於世的虔敬者，縱使只能靠著磨鏡片的卑微工作過活，也不願意放棄心中最堅定的信仰。在廣大的平原上，他聽聞了尼采對世界的熱情，便熱切的想拜訪他，卻沒想到在精神病的折磨下，尼采早已過世……。在咖啡屋，有人勾起阿哲「已被喝光的咖啡是否存在」的好奇心，他們又是誰？到底還有什麼奇遇，等待著阿哲呢？

◎ 平等與差異——漫遊女性主義　劉亞蘭／著

老媽對家庭的付出，是愛的表現還是另類的被剝削？如果生養子女是女人的天職，那男人呢？本書從自由主義、馬克思主義、激進女性主義等觀點，帶領讀者一同了解哲學和性別之間的思辯過程。希望讀者朋友在了解女性主義者為女性發聲的奮鬥歷史之後，也能一起思考：兩性之間的發展、人與人之間的對待，是否能更和諧、更多元？

◎ 少年達力的思想探險　鄭光明／著

殘敗的燈火，忽明或暗。蕭瑟的街道，角落堆著垃圾，腐臭的味道撲鼻而來。建築物表面粗糙，鋼筋裸露，卻在牆磚隙縫裡冒出不知名的綠色植物，纖細的對稱葉片隨著強風顫抖，再一刻就要吹落……在這個世界裡，達力是否存在？周遭一切會不會如夢如幻、只不過是惡魔的玩笑？有什麼是確定的？達力開始懷疑……。

◎ 思考的祕密　傅皓政／著

本書專為所有對邏輯有興趣、有疑惑的讀者設計，從小故事著眼，帶領讀者一探邏輯之祕。異於坊間邏輯教科書，本書沒有大量繁複的演算題目，只有分段細述人類思考問題時候的詳細過程，全書簡單而透徹，讓您輕鬆掌握邏輯推演步驟及系統設計的理念。全書共分九章，讓您解碼邏輯，易如反掌！

◎ 科幻世界的哲學凝視　陳瑞麟／著

科幻是未來的哲學；哲學中含有許多科幻想像。科幻與哲學如何結合？相信許多人會感到好奇。本書試圖分析《正子人》、《童年末日》、《基地》、《基地與帝國》、《第二基地》、《千鈞一髮》、《魔鬼總動員》、《強殖入侵》、《駭客任務》等作品，與讀者一起探討「我是誰」、「人性是什麼」、「人在宇宙中的地位」、「真實是什麼」、「歷史限定了個人的行為自由嗎」等根本的哲學問題。

◎ 人心難測——心與認知的哲學問題　彭孟堯／著

身處科技與幻想發達的時代，我們夢想著有一天能夠創造出會思考的機器人——例如擊敗過世界棋王的電腦「深藍」，我們更夢想著有一天機器人能夠更像人：除了思考，還有喜怒哀樂、七情六欲。人類真的能夠辦到嗎？是我們的想像力太過豐富了，還是目前的科技還不夠發達？更重要的是，人類本身的心與認知發展又是如何呢？

◎ 信不信由你——從哲學看宗教　游淙祺／著

西方哲學從古希臘到十九世紀末為止，其論辯、批判與質疑的焦點集中在「上帝是否存在」上。而二十世紀的西方哲學家，在乎的是「宗教人的神聖經驗」、「宗教語言」、「宗教象徵與神話」等新議題。至於身為世界公民的我們，如何面對宗教多元的現象？應該怎樣思考宗教多樣性與彼此相互關係的問題呢？一切，就從本書開始吧……

◎ 這是個什麼樣的世界？　王文方／著

本書作者透過簡單清楚的說明與生動鮮明的舉例，討論因果、等同、虛構人物、鬼神、可能性、矛盾、自由意志等形上學主題。讓讀者藉而熟悉當今英美分析哲學中形上學的一些重要議題、主要看法以及討論方式，希望讀者讀完本書後，會有這樣的一種感覺：形上學的討論無非是想對我們的常識作出最佳的合理解釋罷了；這樣的討論或許精緻複雜，但絕非玄奧難懂。

書種最齊全・服務最迅速

現在加入網路書店會員　好康多多～

憑通關密碼：B7295
首次購書即可享15%
紅利積金

1. 滿$250便利超商取書免運費
2. 平時購書享3%～6%紅利積金
3. 隨時通知新書及優惠訊息